Stéphane Bruchfeld / Paul A. Levine
Erzählt es euren Kindern

Die Autoren

Stéphane Bruchfeld wurde 1955 in Stockholm geboren, wo er auch heute lebt. Er forscht und lehrt als Historiker im Programm für Holocaust- und Genozid-Studien der Universität Uppsala. Seine Doktorarbeit beschäftigt sich mit dem »historischen Revisionismus« in Schweden seit 1945. Er ist Mitglied des *Schwedischen Komitees gegen Antisemitismus und des Forums Lebendige Geschichte* und hat einige Artikel und Bücher zum Thema geschrieben.

Paul A. Levine, 1956 in New York geboren, lebt seit langem in Schweden und wohnt in Stockholm. Er arbeitet als Assistenzprofessor an demselben Institut wie Stéphane Bruchfeld. Auch er ist in der Holocaust-Forschung aktiv und beschäftigt sich insbesondere damit, wie ein neutrales Land wie Schweden auf die Verbrechen der Nazis in Europa reagiert hat. Dazu veröffentlichte er das Buch »From Indifference to Activism: Swedish Diplomacy and the Holocaust, 1938 - 1944«.

Stéphane Bruchfeld
Paul A. Levine

Erzählt es euren Kindern
Der Holocaust in Europa

Übersetzung und Bearbeitung
der deutschen Ausgabe von
Robert Bohn und Uwe Danker

Sonderausgabe für Hamburg Januar 2001
Mit freundlicher Unterstützung
der Peter-Mählmann-Stiftung der Hamburger Sparkasse
und der ECE Projektmanagement G.m.b.H. und Co KG, Hamburg

Die gebundene Ausgabe dieses Buches
erscheint im C. Bertelsmann Jugendbuch Verlag
und ist im Buchhandel erhältlich:
ISBN 3-570-12531-9

Umwelthinweis:
Dieses Buch wurde auf chlorfrei gebleichtem Papier gedruckt.

Gesetzt nach den Regeln der Rechtschreibreform
© 1998 der Originalausgabe: Stéphane Bruchfeld, Paul A. Levine
© 2000 für die deutschsprachige Ausgabe:
C. Bertelsmann Jugendbuch Verlag, München
in der Verlagsgruppe Bertelsmann GmbH
Alle Rechte dieser Ausgabe vorbehalten
Die Originalausgabe erschien 1998 unter dem Titel »... om detta må ni berätta«
beim Projekt »Levande Historia« (Lebendige Geschichte)
im Auftrag der Regeringskansliet
(Regierungskanzlei des schwedischen Ministerpräsidenten), Stockholm
Gestaltung der Originalausgabe: Elsa Wohlfahrt
Karten: Jakob Wegelius
Übersetzung aus dem Schwedischen: Robert Bohn
Bearbeitung der deutschen Ausgabe: Uwe Danker
Lektorat der deutschen Ausgabe: Frank Griesheimer
Umschlagbild: © Yad Vashem, Jerusalem
Umschlagkonzeption: Atelier Langenfass, Ismaning
Gestaltung und DTP der deutschen Ausgabe: Atelier Langenfass, Ismaning
us · Herstellung: Stefan Hansen
Druck: J. P. Himmer, Augsburg
Printed in Germany
www.bertelsmann-jugendbuch.de

Der Titel des Buches beruht auf einem Text aus dem Alten Testament:

»Hört her, ihr Ältesten, /
horcht alle auf, ihr Bewohner des Landes!
Ist so etwas jemals geschehen /
in euren Tagen oder in den Tagen eurer Väter?
Erzählt euren Kindern davon
und eure Kinder sollen es ihren Kindern erzählen /
und deren Kinder dem folgenden Geschlecht.«

BUCH JOEL 1, 1 - 3

Die schwedische Originalausgabe dieses Buches erschien im Rahmen des Projekts »Levande Historia« (Lebendige Geschichte). Diese Initiative hat Ministerpräsident Göran Persson ins Leben gerufen mit dem Ziel, durch Information die Verankerung der demokratischen Grundwerte bei allen Teilen der Bevölkerung zu fördern. Die Aktivitäten und Publikationen des Projekts richten sich an die Öffentlichkeit und – im Hinblick auf die junge Generation – vor allem an Eltern, Schulen und Universitäten.
Die deutsche Ausgabe dieses ungewöhnlichen Buches wurde von Prof. Dr. Robert Bohn und Prof. Dr. Uwe Danker (Institut für schleswig-holsteinische Zeit- und Regionalgeschichte) in Zusammenarbeit mit den Autoren erstellt.

Vorwort der Autoren

Warum ein weiteres Buch über den Holocaust und warum eines, das Fakten, Berichte, Bilder, Gedichte und Erklärungen vereint? Dieses Buch wurde ursprünglich geschrieben für das Projekt »Lebendige Geschichte«, eine 1997 begonnene Initiative der schwedischen Regierung zum Thema Holocaust. Unser Ziel war, eine Geschichte des Holocaust zu schreiben, die Eltern als Ausgangspunkt benutzen können für ein Gespräch mit ihren Kindern über menschliche Moral, demokratische Werte und soziale Ethik. Die Aufnahme des Buches in Schweden hat alle Erwartungen weit übertroffen; »Lebendige Geschichte« hat die Diskussion über den Holocaust und seine Folgen unter vielen schwedischen Bürgern angeregt. Dennoch bleiben wir als Historiker der Überzeugung, dass die Geschichte des Holocaust nicht wie ein normales politisches Thema behandelt werden kann und sollte, als Thema, mit dem man sich heute befasst, aber morgen nicht mehr. Es ist lebensnotwendig, die Diskussion um den Holocaust und seine Folgen zu einem Teil des Alltags zu machen. Ebenso wichtig ist es, diese Diskussion nicht auf der Grundlage vager Spekulation, sondern soliden Wissens und Verstehens zu führen. Dies kann nur durch ständiges Forschen und Lehren über das Ereignis geschehen. Keine befristete erzieherische Kampagne, wie erfolgreich sie auch sei, kann jemals diese Notwendigkeit ersetzen.

Sich mit dem Holocaust zu befassen, sei es lehrend oder lernend, bleibt eine schwierige Sache und wir hoffen, dass unser Buch dies erleichtert. Gewiss kann man dem Thema nicht in einem einzelnen Band gerecht werden und diese Seiten stellen nur einen Bruchteil des ständig wachsenden Wissensbestandes über diese furchtbaren Jahre dar. Als wir die Informationen zu den Tatsachen neben die Stimmen und Erinnerungen von Einzelnen stellten, mussten wir viele schwierige Entscheidungen darüber fällen, welche Worte und welche Bilder wir auswählen sollten. Wir bitten unsere Leser daher eindringlich, selbst Weiteres herauszufinden.

Die Reihenfolge der Ereignisse, die den Holocaust ausmachen, ist seit langem bekannt. Am Anfang des Weges, der dann schließlich in die Wälder bei Wilna, nach Semlin in der Nähe von Belgrad und nach Auschwitz-Birkenau führte, stand hasserfüllte Propaganda. Zunächst in Deutschland und Österreich,

VORWORT

dann fast überall in Europa wurden die jüdischen Bürger identifiziert, ausgesondert, entlassen; ihre Häuser wurden geplündert; sie wurden ihrer bürgerlichen und sozialen Rechte beraubt. Diesen verbrecherischen Maßnahmen folgte das Undenkbare: Vor den Augen ihrer nichtjüdischen Nachbarn wurden die Juden Europas zu Millionen deportiert, um dann erschossen oder im Gas ermordet zu werden.

Selbst wenn nie nachgewiesen werden wird, wie viele Menschen ganz genau als Folge des nationalsozialistischen Irrbilds eines »rassereinen Großdeutschland« umkamen, die Größe des Verbrechens kann niemals geleugnet werden. Zwischen fünf und über sechs Millionen Juden wurden Opfer des systematischen, industrialisierten Massenmords, genannt Holocaust. Ebenfalls Opfer des nationalsozialistischen Völkermords, von ihnen Porrajmos genannt, wurden fast eine halbe Million Sinti und Roma. Unter den weiteren Opfern der kriminellen NS-Ideologie finden sich über hunderttausend körperlich und geistig Behinderte, »Asoziale«, tausende von Homosexuellen und Zeugen Jehovas, Millionen polnischer und anderer osteuropäischer Bürger und Millionen von sowjetischen Kriegsgefangenen.

Alle diese Zahlen sind abstrakt. Für das Verständnis ist wesentlich, dass sich hinter jeder Zahl ein Name und ein Gesicht verbirgt; ein Kind, eine Mutter oder ein Vater, ein Verwandter oder Freund, Nachbar oder Bekannter. Darum beginnt dieses Buch mit der Geschichte der Kinder vom Bullenhuser Damm. Diese Geschichte hat kein glückliches Ende und ist leider charakteristisch für den Holocaust. Neun von zehn jüdischen Kindern, die 1939 in Europa lebten, waren sechs Jahre später tot, ermordet von den Nationalsozialisten. Fast eineinhalb Millionen jüdische Kinder und tausende von Roma-Kindern sind erschossen oder mit Gas umgebracht worden. Warum ist das geschehen? Wie war das möglich?

Wer sich mit dem Holocaust beschäftigt, stößt auf mehr schwere Fragen als leichte Antworten. Dass dies geschehen ist und also möglich war, soll uns heute und zukünftigen Generationen zur ewigen Warnung gereichen. Wer sich weigert, die schrecklichen Wahrheiten des Holocaust zur Kenntnis zu nehmen, macht dessen Wiederholbarkeit wahrscheinlicher. Daher wird es immer unsere gemeinsame Verantwortung sein, diesen Zeiten ins Gesicht zu sehen und darüber zu sprechen. Darum ist ein weiteres

Buch über den Holocaust notwendig – und noch viele mehr.
Wir hoffen sehr, dass diese deutschsprachige Ausgabe in Deutschland und Österreich zum Verständnis des Holocaust beitragen wird. Wir sind uns der Last der Verantwortung bewusst, die mit dem schwierigen Erbe des Holocaust in beiden Ländern einhergeht. Unsere stärkste Hoffnung ist, dass dieses Buch junge Leser zu weiteren eigenen Nachforschungen anregen sowie den Dialog zwischen den Generationen über die Geschichte und humane Werte befördern möge.
Wir möchten all denen danken, die unserem Werk ihr Vertrauen geschenkt und uns geholfen haben, es einem deutschen Publikum vorzustellen, insbesondere Herrn Rechtsanwalt Ernst Johansson sowie Prof. Dr. Robert Bohn und Prof. Dr. Uwe Danker vom Institut für schleswig-holsteinische Zeit- und Regionalgeschichte.

Stockholm, November 1999

Stéphane Bruchfeld
Paul A. Levine

Vorwort zur deutschen Ausgabe

Dieses Buch berichtet vom »Holocaust«, der Verfolgung und Ermordung der europäischen Juden und der Sinti und Roma zwischen 1933 und 1945: Das nationalsozialistische Deutschland ermordete mehr als sechs Millionen Menschen, die als minderwertig und gefährlich hingestellt wurden. Unfassbar, unvorstellbar und doch vergangene Wirklichkeit, der man ins Auge sehen muss!
Die Autoren, Stéphane Bruchfeld und Paul A. Levine, sind zwei Wissenschaftler, die im Auftrag der schwedischen Regierung das Buch verfassten, damit es – in vielen hunderttausend Exemplaren – schwedischen Familien kostenlos zur Verfügung gestellt werden konnte. »Erzählt es euren Kindern« drückt die damit verbundene Absicht aus: Das Buch sollte Gespräche und die Beschäftigung mit dem Holocaust zwischen Eltern und ihren Kindern auslösen. Das ist in Schweden eingetreten, und zwar in einer Breitenwirkung, die auch die Verantwortlichen überraschte.
Diese deutsche Ausgabe behält den Blick von außen und auf ganz Europa bei. Die Schilderungen und Berichte stammen aus allen Teilen

Europas: Sie lassen erahnen, welch ungeheures Ausmaß dieser Völkermord annahm. Das massenhafte Morden wird zugleich immer an Einzelschicksalen und kleinen Gruppen gezeigt. Denn – was große Zahlen leicht verdecken können – der Holocaust bedeutete für ungezählte einzelne Menschen Verfolgung, Erniedrigung und Tod. – Mehr als sechs Millionen zerstörte Menschenleben, Männer und Frauen, Alte und Kinder. Das Buch lässt immer wieder betroffene und beteiligte Menschen zu Wort kommen: die Opfer, auch die Täter und die Zuschauer. Diese Dokumente aus dem Grauen erschüttern, berühren, bewegen. Sie stammen von Menschen wie du und ich, zumeist von Jugendlichen. Ausgewählte Fotografien zeigen, was geschah. Sie sind furchtbar, aber man muss sie betrachten: Sie zeigen Not, Gewalt und Mord; Täter und ihre Opfer. Sie zeigen den Holocaust. Sie zeigen Menschen in Verzweiflung und Todesangst, mit Anklage oder Leere im Blick. Aber sie, die Opfer, strahlen Würde aus; und das, obwohl sie grenzenlosen Entwürdigungen ausgesetzt wurden.

Dokumente und Bilder können nur zeigen, was war und wie es erlebt wurde. Erklären können sie nichts. Auch der darstellende Text berichtet nur, bewertet sehr zurückhaltend und verzichtet auf Erklärungen. Denn vieles am Holocaust lässt sich nicht verstehen. Aber seiner Wahrheit müssen wir ins Auge sehen, wir müssen uns mit ihm beschäftigen; wir müssen auch Fragen stellen, die wir nicht beantworten können: Nur wer weiß, was möglich ist, wird daran arbeiten, dass es sich nicht wiederholt.

Diese deutsche Ausgabe ist ein Jugendbuch. Es wäre ein falsch verstandener Jugendschutz, Heranwachsenden die Wirklichkeit des Holocaust vorzuenthalten. Und Lehrpläne aller Schularten in Deutschland sehen das Thema spätestens für die neunten Klassen vor. Aber dieses Buch ist kein Lehrbuch. Es muss auch nicht von vorn bis hinten durchgelesen werden. Man kann es auch als Lesebuch betrachten und hier und da hineinlesen – es später wieder einmal zur Hand nehmen. Schön aber wäre es, wenn das schwedische Modell in Deutschland Nachahmung findet: Wenn Jugendliche und Erwachsene im Buch lesen und miteinander darüber sprechen.

Robert Bohn
Uwe Danker

Kinder als Versuchstiere

Im April 1945 sind die Alliierten Armeen schon weit in das nationalsozialistische Deutschland hinein vorgestoßen. Der Krieg ist längst entschieden. Aber erst am 8. Mai wird die bedingungslose Kapitulation unterzeichnet. Bis dahin bemühen sich jene, die wissen, welche Verbrechen sie begangen haben, so viele Beweise wie möglich zu beseitigen.

Am 20. April werden abends um 20 Uhr skandinavische Gefangene aus dem Konzentrationslager Neuengamme bei Hamburg mit so genannten »weißen Bussen« evakuiert. Zurück im Lager bleiben unter anderen zwanzig jüdische Kinder im Alter zwischen fünf und zwölf Jahren. Es sind zehn Mädchen und zehn Jungen, darunter zwei Geschwisterpaare. Monatelang hat der SS-Arzt Heissmeyer sie als Versuchsobjekte für medizinische Experimente missbraucht: Er hat den Kindern Lymphknoten wegoperiert und lebende Tuberkelbazillen unter die Haut gespritzt. Einigen hat er die Bakterien mit einer Sonde sogar direkt in die Lunge eingeführt. In einem Verhör im Jahr 1964 wird Heissmeyer später erklären, dass es für ihn »keinen prinzipiellen Unterschied zwischen Juden und Versuchstieren« gegeben habe.

Stunden nachdem der letzte skandinavische Gefangene das Lager verlassen hat, bringt man die Kinder zusammen mit vier erwachsenen Gefangenen, die sich im Lager um sie gekümmert haben, in ein großes Schulgebäude in Hamburg. Sie kommen gegen Mitternacht an. Die Erwachsenen sind die beiden französischen Ärzte Gabriel Florence und René Quenouille sowie die Holländer Dirk Deutekom und Anton Hölzel. Es handelt sich um die Schule am Bullenhuser Damm, die als eine Art Außenstelle des Konzentrationslagers dient. Diese Gruppe wird aber in den Keller gebracht. Im Heizungsraum erhängt man zunächst die Erwachsenen an einem unter der Decke laufenden Rohr. Dann kommen die Kinder an die Reihe. Einige haben Morphiumspritzen bekommen. Unter ihnen Georges-André Kohn, dem es am schlechtesten geht. Schlafend erhängt man ihn zuerst: nicht am Rohr, sondern an einem Haken an

der Wand. Der SS-Mann Johann Frahm muss sein ganzes Gewicht aufbringen, um das Opfer nach unten zu ziehen. Danach hängt Frahm jeweils zwei Kinder auf einmal an den Wandhaken. – »Wie Bilder«, erklärt er in einem Verhör 1946. Keines der Kinder habe geweint, betont er.

Als alle Kinder tot sind, gibt es Schnaps und Zigaretten für die SS-Männer. Dann werden die nächsten Gruppen erhängt, 20 sowjetische Kriegsgefangene. Wie sie hießen, weiß man bis heute nicht. Aber die Namen der Kinder kennen wir: Mania Altmann, 5 Jahre; Lelka Birnbaum, 12 Jahre; Surcis Goldinger, 11 Jahre; Riwka Herszberg, 7 Jahre; Alexander Hornemann, 8 Jahre; Eduard Hornemann, 12 Jahre; Marek James, 6 Jahre; W. Junglieb, 12 Jahre; Lea Klygermann, 8 Jahre; Georges-André Kohn, 12 Jahre; Blumel Mekler, 11 Jahre; Jacqueline Morgenstern, 12 Jahre; Eduard Reichenbaum, 10 Jahre; Sergio de Simone, 7 Jahre; Marek Steinbaum, 10 Jahre; H. Wassermann, 8 Jahre; Eleonora Witónska, 5 Jahre; Roman Witónski, 7 Jahre; Roman Zeller, 12 Jahre; Ruchla Zylberberg, 9 Jahre.

Heute heißt die Schule »Janusz-Korczak-Schule«, benannt nach einem Arzt und Lehrer, der die Kinder seines Waisenhauses im jüdischen Ghetto in Warschau nicht im Stich gelassen hat, sondern mit ihnen gemeinsam in den Tod ging. Auf dem Schulgelände befindet sich ein kleiner Rosengarten als Erinnerung an die Kinder.

Am 17. August 1944 werden der zwölfjährige Georges-André Kohn und seine Familie von Paris nach Auschwitz deportiert. Es ist der 79. und einer der letzten Transporte französischer Juden. Bei der Ankunft in Auschwitz wählt man Georges-André für angeblich medizinische Versuche aus. Ende November verbringt man ihn nach Neuengamme bei Hamburg. Das Foto links entsteht 1944 vor der Deportation. Das Foto oben macht SS-Arzt Kurt Heissmeyer in Neuengamme, nachdem er die Lymphknoten aus den Armbeugen wegoperiert hat. Am 21. April 1945 ermorden SS-Männer Georges-André im Keller der Hamburger Schule am Bullenhuser Damm.

Einleitung

»Nichts ist so überzeugend wie das Bewusstsein, Rasse zu besitzen. Der Mensch, der einer klar definierten, reinen Rasse angehört, wird niemals das Gefühl dafür verlieren [...]. Rasse erhöht einen Menschen über sich selbst: Sie verleiht ihm außergewöhnliche – ich möchte fast sagen übernatürliche – Kräfte; so sehr unterscheidet sie ihn von den Individuen, die aus dem chaotischen Mischmasch von Menschen aus allen Ecken der Welt entsprungen sind.«

HOUSTON STEWART CHAMBERLAIN[1], EINER DER EINFLUSSREICHSTEN VERTRETER DER VÖLKISCHEN UND ANTISEMITISCHEN WELTANSCHAUUNG.

Man kann die Geschichte NS-Deutschlands nicht von der nationalsozialistischen Weltanschauung trennen. Die Ermordung der europäischen Juden – der Holocaust – folgte aus der Weltanschauung der Nationalsozialisten, wie sie bereits in Adolf Hitlers Buch *Mein Kampf* seit 1925 zu lesen war. Hitler und seine Gefolgsleute machten kein Geheimnis aus ihrem zutiefst rassistischen Menschenbild und ihrem Abscheu für die demokratische Gesellschaft und deren Werte. Für sie waren »Rasse« und die »arische Volksgemeinschaft« alles, und der einzelne Mensch besaß nur den Wert, als Werkzeug für den rassistischen Staat zu wirken.

Dieses Denken wurde unmittelbar nach der »Machtübernahme« der Nationalsozialisten Grundlage staatlichen Handelns und der Gesellschaft in Deutschland. Die große Mehrheit der deutschen Bevölkerung teilte diese Anschauung oder passte sich an.

Der geistesgeschichtliche Hintergrund des Rassismus

Schon lange zuvor waren rassistische Ideen in Europa verbreitet. Denker und Philosophen spekulierten seit dem 17. Jahrhundert darüber, ob es verschiedene menschliche Rassen gäbe. 1854 veröffentlichte der französische Diplomat Arthur de Gobineau ein einflussreiches Buch mit dem Titel *Über die Ungleichheit der menschlichen Rassen*. Für ihn war die »arische Rasse« allen anderen überlegen. Sie würde aber von »Vermischung« mit »Nichtariern« bedroht, die Gobineau als nicht so hochwertig ansah. Solche rassistischen Gedanken fielen in einer Zeit, in der der europäische Nationalismus und Imperialismus eine immer größere Rolle spielten, auf fruchtbaren Boden.

Angeregt von Charles Darwins biologischer »Theorie von der natürlichen Auswahl«, also von der Annahme, dass in der Natur das am besten angepasste Lebewesen die größten Überlebenschancen besitze, begannen einige Wissenschaftler in Westeuropa, dieses Modell auf die menschliche Gesellschaft zu übertragen. Der so genannte »Sozialdarwinismus« behauptete, dass »der Starke« das Recht besitze, über »den Schwachen« zu herrschen. Ein einflussreicher Vertreter dieses Denkens war der Deutsch-Engländer Houston Stewart Chamberlain. 1899 stellte er seine ›Vision‹ vor, in der die »arische Rasse« – geführt von den »Germanen« – die christlich-europäische Zivilisation vor den Feinden retten würde: nämlich vor »dem Judentum«.

Antisemitismus und Rassenbiologie

Seit dem Altertum leben Juden in Europa. Schon im frühen Mittelalter begann die christliche Kirche, die Juden dafür anzuklagen, dass sie Jesus getötet und ihn als Messias abgelehnt hätten. Auf Grund solcher Beschuldigungen verschlechterte sich die Lage der Juden und verfestigten sich Vorurteile gegen sie. Immer wieder geschahen »Pogrome« – gewalttätige Verfolgungen von Juden. Erst nach der Französischen Revolution 1789 und mit der Durchsetzung demokratischer Ideale setzte eine Verbesserung ihrer Lebens- und Arbeitsbedingungen ein. Die so genannte »Judenemanzipation« im 19. Jahrhundert bewirkte, dass Juden wie alle Bürger am gesellschaftlichen Leben teilhaben konnten.

»Die Judenfrage ist nicht nur eine wirtschaftliche Frage, es ist auch eine Rasse- und Kulturfrage. Das Judentum ist das Verderben der europäischen Völker.«

PEHR EMANUEL LITHANDER, SCHWEDISCHER KAUFMANN
UND REICHSTAGSABGEORDNETER, 1912[2]

EINLEITUNG

Dieses Spiel heißt *Juden raus!*. Es wird in den 30er-Jahren vom Hersteller als »überaus lustiges Spiel« angeboten. Die Hüte der Spielfiguren besitzen dieselbe Form wie jene, die Juden im Mittelalter tragen mussten. Auf den Hüten sind judenfeindliche Karikaturen zu erkennen. Auf dem Spielbrett steht u.a.: »Gelingt es Dir, 6 Juden rauszujagen, so bist Du Sieger, ohne zu fragen!«

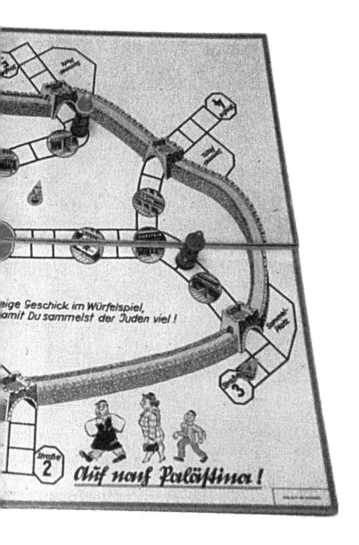

»*Diese Jugend, die lernt ja nichts anderes als deutsch denken, deutsch handeln. Und wenn nun dieser Knabe und dieses Mädchen mit ihren zehn Jahren in unsere Organisationen hineinkommen und dort nun so oft zum ersten Mal überhaupt eine frische Luft bekommen und fühlen, dann kommen sie vier Jahre später vom Jungvolk in die Hitlerjugend und dort behalten wir sie wieder vier Jahre und dann geben wir sie erst recht nicht zurück [...] sie werden nicht mehr frei, ihr ganzes Leben.*«

ADOLF HITLER IN EINER REDE AM 2. DEZEMBER 1938[3]

Der »Hitlerjunge« unterrichtet ein Mädchen in einer deutschen Kolonie in Polen. Derartige Kolonien werden in den 40er-Jahren gegründet, um den deutschen »Lebensraum« im Osten auszuweiten: Man vertreibt die einheimische Bevölkerung von ihren Höfen und gibt diese an deutsche Familien.

Im letzten Drittel des 19. Jahrhunderts entstand aber eine neue Form der Judenfeindlichkeit: der »Antisemitismus«. Er war eine Reaktion auf die Gleichstellung der Juden und auf die Verunsicherung vieler Menschen durch die moderne Industriegesellschaft. Dieser moderne Judenhass enthielt nicht nur religiöse, sondern auch politische Anteile: In einer Zeit geistiger, wirtschaftlicher und politischer Unsicherheit klagten Antisemiten die Juden an, in der Gesellschaft über einen zu großen Einfluss zu verfügen. Man unterstellte ihnen sogar, den Plan zu verfolgen, die völlige Macht in der ganzen Welt an sich zu reißen!

Zur selben Zeit gingen naturwissenschaftliche Einflüsse in das sozialdarwinistische Denken ein. Am deutlichsten zeigte sich das in der so genannten »Eugenik«, auch »Rassenhygiene« genannt. Eugeniker sahen die Gesellschaft von minderwertigen Genen der »Schwachen« bedroht. Sie behaupteten weiter, dass man die Gesellschaft schützen, ihre Qualität und »Gesundheit« verbessern könne, indem man verhindere, dass »schlechte« Gene sich verbreiten. Das Gedankengut der eugenischen Bewegung wurde im 20. Jahrhundert in Europa und in den USA durch hunderttausende

Sterilisierungen in die Praxis umgesetzt. – Betroffen davon waren fast immer Frauen.

Der Erste Weltkrieg 1914-1918 zeigte der Welt, wie verheerend moderner Krieg zwischen industrialisierten Gesellschaften ist: Ungefähr 14 Millionen Menschen, Soldaten wie Zivilisten, starben gewaltsam. Viele spätere Mitglieder der NSDAP waren deutsche Kriegsveteranen und hatten diese große Katastrophe aktiv miterlebt. Die deutsche Niederlage verstanden sie nicht und meinten, die deutsche Armee sei nicht militärisch besiegt worden, sondern durch einen »Dolchstoß« in der Heimat. Schuld daran hätten vor allem die deutschen Juden. Sie wünschten Vergeltung. Die NS-Bewegung behauptete, dass es für Deutschlands Rettung und Wiedergeburt nötig sei, Rassenbiologie, Eugenik und Antisemitismus in praktische Politik umzusetzen. Ihr Ziel war eine »rassereine« und einheitliche Gesellschaft, die »arische Volksgemeinschaft«, in der »naturgegebene« Unterschiede zwischen den Menschen und ihren »Rassen« betont würden. Ein Beispiel für die Umsetzung wurden die so genannten »Nürnberger Gesetze« von 1935. Sie richteten sich zunächst gegen »Juden«, bezogen aber bald auch »Zigeuner«, die Sinti und Roma, ein. Nur »Bürger von deutschem oder verwandtem Blut« besaßen vollständige bürgerliche Rechte. Rechtsexperten, die das Gesetz ausgearbeitet hatten, kommentierten: »Den Lehren von der Gleichheit aller Menschen [...] setzt der Nationalsozialismus hier die harten, aber notwendigen Erkenntnisse von der naturgesetzlichen Ungleichheit und Verschiedenartigkeit der Menschen entgegen.«[4]

Das alles bildete die Basis für den Holocaust und ebnete den Weg für dessen Verwirklichung. Zwischen 1933 und 1945 verbreiteten sich Verfolgung und Völkermord überall in Europa: das Resultat der Herrschaft Hitlers und der Umsetzung der nationalsozialistischen Weltanschauung.

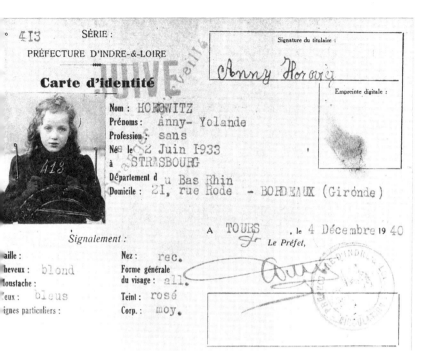

Identitätskarte von Anny Horowitz

Nach der deutschen Besetzung Frankreichs 1940 werden hier alle Juden erfasst. Das ist der erste Schritt in Richtung Holocaust.

Anny Horowitz, geboren 1933 in Straßburg, ist Jüdin und »überwachte Ausländerin«, wie auf der Identitätskarte steht. Sie wird erst in ein Lager in der Nähe von Tours eingewiesen, danach in das Lager Drancy in einem Vorort von Paris überführt. Von dort deportiert man sie am 11. September 1942 mit dem 31. Transport aus Frankreich nach Auschwitz. Ihre Mutter Frieda und ihre siebenjährige Schwester Paulette sind auch dabei. Insgesamt befinden sich in diesem Transport 1000 Männer, Frauen und Kinder. Bei der Ankunft werden über 600 von ihnen, darunter alle Kinder, direkt in die Gaskammern geführt. Anny und Paulette sind zwei von den ungefähr eineinhalb Millionen jüdischen Kindern, die im Holocaust ermordet werden. Im Durchschnitt überlebt nur eines von zehn jüdischen Kindern den Krieg. In bestimmten Regionen, etwa in Polen und im Baltikum, ist die Überlebenschance für jüdische Kinder noch geringer.

»Die gesamte deutsche Jugend ist außer im Elternhaus und Schule in der Hitlerjugend körperlich, geistig und sittlich im Geiste des Nationalsozialismus zum Dienst am Volk und zur Volksgemeinschaft zu erziehen.«

AUS DEM GESETZ ÜBER DIE HITLERJUGEND[5]

Aus dem deutschen Kinderbuch *Der Giftpilz*. Es erscheint 1938. Das Bild zeigt, wie jüdische Lehrer und Kinder aus ihrer Schule vertrieben werden, die danach »rein arisch« ist. Unter anderem findet sich in dem Buch die folgende »Erklärung«: »Genauso, wie es schwer ist, giftige und essbare Pilze zu unterscheiden, ist es sehr schwer einzusehen, dass Juden Schurken und Verbrecher sind.«

1920
8. Aug.   Gründung der Nationalsozialistischen Deutschen Arbeiterpartei (NSDAP).

1923
8.– 9. Nov.   »Marsch auf die Feldherrnhalle«: Adolf Hitler versucht mit anderen, die bayerische Regierung zu stürzen, und scheitert dabei. Er wird im April 1924 zu Festungshaft verurteilt. In der Haft schreibt er sein Buch *Mein Kampf*.

1925
November   In München wird die SS (Schutzstaffel) als Hitlers Leibwache gegründet.

1928
20. Mai   Reichstagswahlen. Die NSDAP erhält nur 2,6 % der Stimmen.

1930
14. Sept.   Reichstagswahlen. Jetzt gewinnt die NSDAP 18,3 % der Wählerstimmen.

1931
Dezember   Die Arbeitslosigkeit in Deutschland spitzt sich zu. 5,6 Millionen Menschen sind ohne Arbeitsplatz.

1932
31. Juli   Reichstagswahlen. Die NSDAP erzielt ihren größten Erfolg bei freien Wahlen: Mit 37,4 % wird sie im Reichstag die stärkste Partei.
6. Nov.   Erneut Reichstagswahlen. Die NSDAP fällt zurück, sie erhält noch 33,1 %.

1933

30. Jan.	Reichspräsident Hindenburg ernennt Adolf Hitler zum Reichskanzler einer Koalitionsregierung aus NSDAP und DNVP, der Deutschnationalen Volkspartei. Die deutschen Juden spüren sofort die Folgen der antijüdischen Politik der neuen Regierung.
27. Febr.	Brand des Berliner Reichstages. Sofort werden mit einer »Notverordnung« die Grundrechte eingeschränkt – auf Dauer.
20. März	Dachau wird als erstes Konzentrationslager ca. 16 km nordwestlich von München errichtet. Die ersten Häftlinge sind Kommunisten, Sozialdemokraten und Gewerkschaftler; die meisten werden nach einigen Wochen wieder entlassen. Die brutalen Methoden, die der Kommandant Theodor Eicke hier entwickelt, werden zum Muster für die anderen Konzentrationslager.
24. März	Mit dem Ermächtigungsgesetz, dem mit Ausnahme der Sozialdemokraten (und der schon verhafteten Kommunisten) alle Fraktionen im Reichstag zustimmen, wird das Parlament auf Dauer ausgeschaltet.
1.– 3. April	Boykott von jüdischen Anwälten, Ärzten und Geschäften.
April	Juden und Demokraten werden aus dem Staatsdienst entlassen.
10. Mai	Die NSDAP stiftet die öffentliche Verbrennung von Büchern demokratischer und jüdischer Autoren an.
14. Juli	Die NSDAP wird einzige in Deutschland zugelassene Partei. Es werden Gesetze zur Zwangssterilisation von Behinderten, farbigen Deutschen und »Zigeunern« erlassen.
September	Juden dürfen sich nicht mehr öffentlich kulturell betätigen.

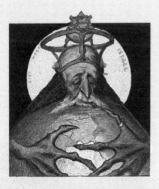

Eine »klassische« antisemitische Karikatur von 1898. Sie stammt aus Frankreich. Viele der hier benutzten Symbole verwendet später auch der Antisemitismus der Nationalsozialisten.

Jüdisches Leben vor dem Krieg

> »Die Welt ist
> viel zu gefährlich,
> um darin zu leben –
> nicht wegen
> der Menschen,
> die Böses tun,
> sondern wegen
> der Menschen,
> die daneben stehen und
> sie gewähren lassen.«
>
> ALBERT EINSTEIN

Überall in Europa lebten vor dem Zweiten Weltkrieg jüdische Minderheiten. Es gab aber Unterschiede zwischen West- und Zentraleuropa sowie Osteuropa: In der Mitte des 19. Jahrhunderts, nach Jahrhunderten der Benachteiligung, Verfolgung und häufigen Isolierung in eigenen Wohnbezirken – den so genannten Ghettos – gewährten die meisten Staaten in West- und Mitteleuropa den Juden volle bürgerliche Rechte. Das war die so genannte Emanzipation. Durch die neuen Freiheiten nahmen auch Juden bald an der Modernisierung der europäischen Gesellschaft teil. Trotz dieses Erfolges, oder vielleicht gerade deshalb, wurden die Juden zur Zielscheibe für Angriffe – vor allem von Gruppen, die sich den Veränderungen in der Gesellschaft widersetzten.

Die meisten Juden in West- und Mitteleuropa gehörten wie selbstverständlich zum Alltag. Antisemitismus, modernen Judenhass, gab es zwar weiterhin. Aber die meisten jüdischen Familien fühlten sich sicher und lebten wie alle anderen: Einige waren fromm, andere eher weltlich eingestellt – wie ihre christlichen Nachbarn auch. Und manche waren zum Christentum übergetreten, also Christen geworden.

Jüdische Männer nahmen am Ersten Weltkrieg teil und kämpften mit Stolz für ihr jeweiliges Vaterland. Sie waren auch am Wiederaufbau ihrer Länder beteiligt. Deshalb konnten sich nur wenige von ihnen vorstellen, dass der Nationalsozialismus das Ende ihrer Existenz bedeuten könnte.

In Osteuropa übte die Mehrzahl der Juden am Anfang des 20. Jahrhunderts noch dieselben Berufe aus und lebte nach ihren Bräuchen wie seit Jahrhunderten. Die meisten waren im 14. und 15. Jahrhundert aus Deutschland und Frankreich hierher gekommen. In Polen, den Baltischen Staaten, der Ukraine, Russland und Rumänien lebte die größte jüdische Bevölkerungsgruppe auf der Welt. Hier hatte sich im Laufe der Zeit eine spezielle jüdische Kultur entwickelt, die auf der eigenen Religion und der jiddischen Sprache beruhte. In Städten und auf dem Land lebten die Juden zwar oft getrennt von der christlichen Bevölkerung. Aber ein beträchtlicher Teil der jüdischen Bevölkerung zählte zur Mittelklasse. Juden spielten trotz weit verbreiteter Vorurteile eine bedeutende Rolle im städtischen und wirtschaftlichen Leben, in Industrie, Handel, Handwerk und Landwirtschaft.

Antisemitismus war jedoch in der osteuropäischen Mehrheitskultur tief verwurzelt. Judenfeindliche Propaganda und Politik mancher Regierung in dieser Region verstärkten den Judenhass. Diese schwierigen Lebensumstände veranlassten viele Juden auszuwandern, vor allem in die USA. Trotz einer verbesserten Lage zwischen den Weltkriegen blieb das Verhältnis zwischen der jüdischen Minderheit und der christlichen Mehrheitsbevölkerung vielerorts sehr problematisch. Allgemeine politische Unruhe und schwere wirtschaftliche Krisen führten zur Suche nach Sündenböcken. Immer wieder gab es sogar antijüdische Gewaltakte, so genannte Pogrome. Dennoch lebten am Beginn des Zweiten Weltkrieges Millionen von Juden in Osteuropa. Innerhalb kurzer Zeit gerieten sie in die nationalsozialistische Tötungsmaschinerie. Mit ihrem millionenfachen Tod verschwand die reiche – religiöse und weltliche – jüdische Kultur Osteuropas.

Jüdisches Leben vor dem Krieg

Anne Frank

Anne Frank wird im Juni 1929 in Frankfurt am Main geboren. Ihr Tagebuch ist eines der bekanntesten Dokumente aus dem Holocaust: Mit 13 Jahren beginnt sie daran zu schreiben. Bis heute ist es in über 50 Sprachen übersetzt worden.

Kurz nach dem Herrschaftsantritt der Nationalsozialisten flieht Anne mit ihrer Familie, ihrem Vater Otto, der Mutter Edith und der Schwester Margot, in die Niederlande. Wie andere deutsche Juden glaubt die Familie Frank, hier ein sicheres Exil gefunden zu haben. Das Bild (rechts) zeigt die sechsjährige Anne zusammen mit ihrer Freundin Sanne 1935 in Amsterdam. Als das Deutsche Reich im Mai 1940 die Niederlande überfällt, verändert sich der Alltag der Familie in Amsterdam dramatisch: Die nationalsozialistische Verfolgung der Juden in den Niederlanden wie in ganz Westeuropa zwingt Otto Frank schließlich sogar, ein Versteck für die Familie herzurichten, um der Deportation in die Tötungslager in Polen zu entgehen. Die Familie zieht im Juli 1942 in einen geheimen Raum auf dem Dachboden des Bürogebäudes der eigenen Firma. Anne hält den Beschluss in ihrem Tagebuch fest: »Sich zu verstecken war gefährlich. Versteckte Juden, die entdeckt oder verraten wurden, wurden sofort in ein Konzentrationslager geschickt. Die Strafe dafür, jemand geholfen zu haben, war der Tod.«
Obwohl Nachbarn der Familie helfen, wird sie schließlich an die deutsche Geheime Staatspolizei, die Gestapo, verraten und am 4. August 1944 festgenommen. Wie über 100 000 niederländische Juden vor ihr bringt man die Familie Frank in das Sammellager Westerbork. Von hier aus wird sie Anfang September 1944 nach Auschwitz deportiert. Edith Frank stirbt kurz vor der Befreiung von Auschwitz im Januar 1945. Anne und Margot werden in das KZ Bergen-Belsen verschleppt. Auch sie sollen die Befreiung nicht mehr erleben, denn sie sterben hier im März 1945 an Typhus. Otto Frank überlebt Auschwitz und kehrt in die Niederlande zurück, wo er Annes Tagebuch von Freunden der Familie, die es an sich genommen haben, zurückerhält und später veröffentlicht.

Diese Fotografie aus den 30er-Jahren zeigt eine Seite des »Zigeunerlebens«, die zu einem Klischee geworden ist. Viele Sinti und Roma in Deutschland hatten jedoch schon das Wanderleben aufgegeben und sich an das Stadtleben angepasst. Hunderttausende werden während des Krieges von NS-Deutschland ermordet. – Die hier abgebildeten Kinder wahrscheinlich auch.

»Zigeuner«

Die so genannten »Zigeuner«, nämlich Sinti und Roma, gelangten im Mittelalter nach Europa – auf der Flucht von Nordindien über Persien, Kleinasien und den Balkan. Zunächst wurden sie toleriert. Aber schon bald gab es wilde Geschichten über sie und Vorurteile: Man hielt sie für Spione und machte sie genauso wie die Juden für den Tod Jesu verantwortlich. Jahrhundertelang galt es in Europa nicht als schweres Verbrechen, Zigeuner zu töten; in Mittel- und Osteuropa gab es mitunter sogar »Zigeunerjagden«, bei denen Sinti und Roma wie Tiere gejagt und getötet wurden.

Einige setzten ihr Wanderleben fort, während andere sich niederließen und nach und nach in der Gesellschaft aufgingen, wenn auch auf einem niedrigen sozialen Platz. Aber: Gerüchte und Vorurteile blieben erhalten. Und bis in unsere Zeit hat mancher geglaubt, dass »Zigeuner« Kinder entführen, dem Hexenzauber dienen und gefährliche Krankheiten hervorrufen. Misstrauen und Ablehnung ihnen gegenüber sind weiterhin sehr tief und verbreitet.

»Zigeuner« und Rassismus

In den 30er-Jahren gab es Sinti und Roma überall in Europa. In Deutschland lebten ungefähr 30 000, entweder auf der Wanderschaft oder als gewöhnliche Stadtbewohner. Benachteiligt wurden sie, bereits lange bevor die Nationalsozialisten herrschten. Schon am Anfang des Jahrhunderts hatte ein »Zigeuner-Informationsbüro« begonnen Sinti und Roma in Deutschland zu erfassen. Sie wurden zu einer Gefahr erklärt. Besonders schädlich sei »Rassenmischung«, hieß es. 1905 enthielt eine Veröffentlichung Fotografien und Herkunftsangaben von hunderten deutscher Sinti und Roma. Und das Land Bayern verabschiedete 1926 das *Gesetz zur Bekämpfung von Zigeunern, Landfahrern und Arbeitsscheuen*: Sinti und Roma, die nicht nachweisen konnten, dass sie eine feste Arbeit besaßen, riskierten fortan, ins Arbeits- oder Zuchthaus gesperrt zu werden. Die NS-Regierung übernahm ab 1933 derartige Gesetze. In Einklang mit der nationalsozialistischen Weltanschauung begannen verschärfte staatliche Verfolgungen, die denen der Juden ähnelten. Auch wenn SS-Chef Heinrich Himmler meinte, dass es unter den Sinti und Roma auch einige »reine Arier« gäbe, erklärte der NS-Staat doch die Mehrzahl von ihnen wegen »Rassenvermischung« für »minderwertig«. So genannte »Rassebiologen« entschieden schließlich, wer unter den Sinti und Roma getötet werden sollte und wer weiterleben durfte.

Aus dem bayerischen Gesetz zur Bekämpfung von Zigeunern, Landfahrern und Arbeitsscheuen vom 16. Juli 1926[6]

§ 1: Zigeuner und die nach Zigeunerart umherziehenden Personen – ›Landfahrer‹ – dürfen mit Wohnwagen oder Wohnkarren nur umherziehen, wenn sie hierzu die Erlaubnis der zuständigen Polizeibehörde besitzen. Die Erlaubnis kann höchstens für das Kalenderjahr erteilt werden und ist jederzeit widerruflich. [...]

§ 2: Zigeuner und Landfahrer dürfen mit schulpflichtigen Kindern nicht umherziehen. Ausnahmen können von der zuständigen Polizeibehörde zugelassen werden, wenn für den Unterricht der Kinder ausreichend gesorgt ist. [...]

§ 9: Zigeuner und Landfahrer im Alter von mehr als 16 Jahren, die den Nachweis einer geregelten Arbeit nicht zu erbringen vermögen, können durch die zuständige Polizeibehörde aus Gründen der öffentlichen Sicherheit bis zur Dauer von zwei Jahren in einer Arbeitsanstalt untergebracht werden. [...]

»Gipsy« Trollmann

Im März 1933 wird dem deutschen Boxmeister im Mittelgewicht, Erich Seelig, der Titel weggenommen. Der einzige Grund: Er ist Jude. Der Titel bleibt bis Juni 1933 frei. Dann werden zwei ganz ungleiche Boxer gegeneinander aufgestellt: In der einen Ringecke steht am 9. Juni 1933 ein »Arier«, Adolf Witt. Er hat eine starke Rechte. In der anderen Ecke steht Johann Trollmann. Der »gleichgeschaltete« Deutsche Boxverband hat zu verhindern versucht, dass Trollmann um den Titel kämpft. Der Grund: Er ist »Zigeuner«. Doch Johann Trollmann, oder »Gipsy«, wie er sich mit Künstlernamen nennt, ist einer der bekanntesten Boxer Deutschlands. Und die Nationalsozialisten reagieren auf Stimmungen in der Bevölkerung. Der Boxverband hat schließlich eine Ausnahme gemacht, aber Witt gegen Trollmann aufgestellt, weil er annimmt, dass der körperlich Größere gewinnt.

Aber am 9. Juni wird Adolf Witt von seinem Gegenüber gedemütigt: Der 26-jährige Trollmann tanzt ihn zwölf Runden lang aus und sammelt Punkt für Punkt. Die Veranstalter sind erbost, der Kampf wird unentschieden gewertet. Die Zuschauer geraten daraufhin in Aufruhr, protestieren minutenlang lautstark und drohen, die Halle kurz und klein zu schlagen. Schließlich beugen sich die Veranstalter und erklären Trollmann zum Deutschen Meister im Mittelgewicht. Kurz darauf aber wird er in der Fachzeitschrift *Boxsport* angegriffen: Er habe »artfremd« und »theatralisch« geboxt. Man verhöhnt seine »zigeunerhafte Unberechenbarkeit« und acht Tage später wird ihm der Titel wieder aberkannt. Er darf nicht mehr an Titelkämpfen teilnehmen; seine Karriere ist beendet. Schon vorher aber ist ein weiterer Kampf organisiert worden. Es geht um nichts. Diesmal erscheint Trollmann mit blondierten Haaren. Anstatt um seinen Gegner herumzutanzen, bleibt er unbeweglich in der Mitte des Rings stehen und nimmt Schlag für Schlag hin. – In der fünften Runde wird der blutüberströmte »Gipsy« ausgezählt.

Zwei seiner Brüder werden in Konzentrationslager eingewiesen. Ab 1939 ist Trollmann Soldat und muss später als Infanterist an der Ostfront kämpfen. Während eines Urlaubs 1942 wird er von der Gestapo verhaftet und in das Konzentrationslager Neuengamme überstellt. Dort muss er schwerste Arbeiten verrichten. Auf ihren »Feiern« vergnügen sich die groß gewachsenen SS-Wächter mit dem Spiel »Deutscher Meister«: Sie boxen mit dem ausgehungerten und abgemagerten 35-jährigen Trollmann. Am 9. Februar 1943 sind die SS-Leute dieses bösen Spiels überdrüssig und erschießen Johann Trollmann.

»Mit einem Schlag setzte eine Verhaftungswelle von Homosexuellen in unserem Ort ein. Als Nächster wurde mein Freund verhaftet, mit dem ich seit meinem 23. Lebensjahr befreundet war. Eines Tages erschienen bei ihm Leute von der Gestapo und holten ihn ab. Sich zu erkundigen, wo er geblieben sein könnte, war zwecklos. Wenn das jemand getan hätte, dann hätte die Gefahr bestanden, dass man ihn gleich dabehält, weil er ein Bekannter war, der auch verdächtigt worden wäre. Nach seiner Verhaftung wurde seine Wohnung von Gestapo-Beamten durchsucht. [...] Die Notiz- und Adressbücher waren das Schlimmste. Alle, die darin vorkamen oder mit ihm zu tun hatten, wurden festgenommen und zur Gestapo zitiert. Ich auch. [...] Wir mussten mit allen Kontakten sehr vorsichtig sein. Ich habe alle Beziehungen zu meinen Freunden abgebrochen. Wir gingen uns aus dem Wege, jedenfalls in der Öffentlichkeit, weil wir uns nicht gegenseitig in Gefahr bringen wollten. Homosexuelle Treffpunkte gab es nicht mehr.«

AUSSAGE EINES HOMOSEXUELLEN MANNES[7]

Homosexuelle

Der NS-Staat begann sofort mit der Verfolgung von Homosexuellen. Angeblich würde diese Gruppe die Geburtenzahl des Volkes beeinträchtigen und auch das körperliche wie geistige Wohl des »Volkskörpers« schädigen. SA-Verbände führten Razzien an Treffpunkten, in Wirtshäusern und auch in Privatwohnungen durch. Auch die staatliche Polizei tat alles, um Homosexuelle zu drangsalieren.

Diese Verfolgungen beendeten Jahre der Lockerungen. Die NS-Regierung verschärfte ein bereits bestehendes Gesetz gegen gleichgeschlechtliche Sexualität. Homosexuelle wurden im Laufe der 30er-Jahre in wachsender Zahl verfolgt und verhaftet. Heinrich Himmler

Ein Propagandabild mit behinderten jüdischen Männern, aufgenommen im KZ Buchenwald zwischen 1938 und 1940. Behinderte führten den Nationalsozialisten zufolge ein »lebensunwertes Leben« und taugten allenfalls als »Material« für medizinische Versuche. Die hier abgebildeten Männer werden die Aufnahme des Bildes nicht lange überlebt haben.

richtete ein Büro ein, dessen Aufgabe es war, Homosexuelle zu registrieren und einzuschüchtern. Viele forderten sogar die Todesstrafe für Männer, die wegen homosexueller »Verbrechen und Vergehen« verurteilt wurden. Außerdem ließen Nationalsozialisten angeblich wissenschaftliche Experimente durchführen, die darauf zielten, Homosexuelle in ihrem Kern zu verändern.

Die Zahl der Anklagen gegen Homosexuelle wuchs kräftig. Einen Höhepunkt erreichte sie in den Jahren 1937 bis 1939: Ungefähr 100 000 deutsche und österreichische Männer wurden verhaftet und angeklagt. Zwischen 10 000 und 15 000 Homosexuelle brachte die deutsche Polizei in Konzentrationslager, wo sie das rosa Dreieck an ihrer Kleidung tragen mussten. SS-Wächter, aber auch andere

Gefangene, behandelten sie besonders brutal. Viele starben. Die genaue Zahl der in den Lagern umgekommenen Homosexuellen ist nicht bekannt. Aber es gibt Schätzungen, dass mehr als die Hälfte der Eingesperrten gewaltsam starben.

Behinderte und »Asoziale«

Seit Anfang der 20er-Jahre traten einige Wissenschaftler für das Recht ein, Menschen zu töten, die sie als »Ballastexistenzen« bezeichneten. Besondere Bedeutung erlangte das Buch des Juristen Karl Binding und des Mediziners Alfred Hoche unter dem Titel *Die Freigabe der Vernichtung lebensunwerten Lebens* aus dem Jahr 1920. Sie meinten bestimmte Gruppen von Behinderten und Entwicklungsgestörten. Derartige Ideen griffen die Nationalsozialisten auf, die ja das »Gesunde« fördern und das »Kranke« und »Minderwertige« auslöschen wollten. Die angebliche Bedrohung des deutschen »Volkskörpers« durch Juden und »Zigeuner« von außen bekämpften sie mit Aussonderung, Deportation und Mord. Als innere Bedrohung betrachteten sie geistig und körperlich Behinderte, »Asoziale« und andere Menschen, die nicht in ihr Bild der »Volksgemeinschaft« passten und deshalb auch verfolgt und teilweise ermordet wurden: Sie galten als wirtschaftlich »unproduktiv« und als eine schwere Last für die »Gesunden« und »Produktiven«. Rassenbiologisch stufte man sie auch als »minderwertig« ein, ihr Leben als »lebensunwert«. Die Eigenschaften seien erblich, was eine wachsende Gefahr für die Gesundheit des »Volkskörpers« mit sich bringe.

Um die Gesellschaft und die »arische Rasse« zu »säubern«, verfolgte und inhaftierte der NS-Staat auch tausende aus einer schwer zu kennzeichnenden Gruppe, die man »Asoziale« nannte. Dazu zählten sehr verschiedene Menschen, von Prostituierten bis zu jenen, die sich ein- oder zweimal geweigert hatten, eine angebotene Arbeit anzunehmen: Man bestrafte Menschen, deren Verhalten allgemein als anstößig angesehen wurde. Auch Kleinkriminelle zählten dazu. Die »Kriminalbiologie« im NS-Staat betrachtete sie als biologisch »minderwertig«. Menschen, die man so für »asozial« erklärte, wurden zwangsweise unfruchtbar gemacht und in Konzentrationslager verschleppt. Dort mussten sie ein schwarzes Dreieck tragen – und waren so auch im Lager ganz unten mit besonders geringen Chancen fürs Überleben.

1934

- 3. Juli: Die Ehe zwischen Deutschen und Angehörigen »fremder Rassen« sowie »geschädigten« Personen »deutschen Blutes« wird gesetzlich verboten.
- 2. Aug.: Reichspräsident Paul von Hindenburg stirbt. Adolf Hitler ruft sich darauf zum »Führer und Reichskanzler« aus.
- Okt.– Nov.: Festnahme von Homosexuellen in ganz Deutschland.

1935

- April: Zeugen Jehovas werden aus dem Staatsdienst entfernt, viele verhaftet.
- 21. Mai: Juden werden vom Militärdienst ausgeschlossen.
- 15. Sept.: Die »Nürnberger Gesetze« werden während des Reichsparteitags verkündet. Juden dürfen zukünftig keine Ehe und keine sexuellen Beziehungen mit Personen »deutschen Blutes« eingehen. Im Laufe der 30er-Jahre werden über 400 Gesetze erlassen, welche die Rechte der Juden einschränken.
- 26. Nov.: »Zigeuner« und »Neger« dürfen mit Personen »deutschen Blutes« keine Ehe eingehen.

1936

- 17. Juni: SS-Chef Heinrich Himmler wird Chef der deutschen Polizei.
- 1. Aug.: Hitler eröffnet die Olympischen Spiele in Berlin

ZEITTAFEL

1938

13. März	»Anschluss« Österreichs an Deutschland.
April	Sämtliches jüdisches Eigentum soll verzeichnet werden.
6.– 15. Juli	Vertreter von 32 Nationen diskutieren das jüdische Flüchtlingsproblem in Evian.
17. Aug.	Jüdische Frauen in Deutschland müssen ihrem Namen ein »Sarah« und jüdische Männer ein »Israel« hinzufügen.
5. Okt.	Die Pässe deutscher Juden werden mit einem roten Stempelaufdruck »J« für »Jude« versehen.
28. Okt.	Rund 17 000 Juden polnischer Herkunft werden von Deutschland an der polnischen Grenze ausgewiesen, von Polen aber nicht hereingelassen.
9.– 10. Nov.	»Reichskristallnacht«: Pogrome, Morde und umfassende Zerstörungen jüdischer Einrichtungen. Etwa 30 000 Juden werden in Konzentrationslager verbracht.
15. Nov.	Jüdische Kinder dürfen deutsche Schulen nicht mehr besuchen. Kindertransporte nach Schweden und Großbritannien: Einige tausend jüdische Kinder werden dort aufgenommen.

1939

30. Jan.	Hitler sagt in einer Reichstagsrede, dass ein neuer Weltkrieg die »Vernichtung der jüdischen Rasse in Europa« bedeuten würde.
21. Feb.	Juden müssen Schmuck und Edelmetalle abliefern.
29. Juni	Mehr als 400 Sinti- und Romafrauen aus Österreich werden in das KZ Ravensbrück deportiert.
1. Sept.	Der Zweite Weltkrieg beginnt mit dem Überfall Deutschlands auf Polen. Deutsche Einsatzgruppen erschießen Priester, Akademiker und Juden. Deutsche Juden dürfen nach 21 Uhr nicht mehr auf die Straße.
20. Sept.	Juden dürfen keine Radioapparate mehr besitzen.
Oktober	Deportation von Juden aus Deutschland in das Gebiet Lublin.
20. Nov.	Heinrich Himmler befiehlt, dass alle »zigeunischen Wahrsagerinnen« festgenommen werden sollen.
23. Nov.	Alle Juden im »Generalgouvernement« in Polen müssen den Davidsstern an ihrer Kleidung tragen. Diese Bestimmung wird schon bald auf Deutschland und alle besetzten Gebiete übertragen.

Verfolgung

»Heute ist mir meine ehemalige Sekretärin begegnet. Mit ihren kurzsichtigen Augen hat sie mich scharf fixiert und sich dann zur Seite gedreht. Ich habe vor Ekel ins Taschentuch gespuckt! Sie war einst meine Patientin, später traf ich sie auf der Straße, ihr Freund hatte sie verlassen und sie war ohne Arbeit, ohne Geld – da nahm ich sie zu mir und habe sie herangebildet, viele Jahre lang, und bis zum letzten Tag habe ich sie in meiner Klinik beschäftigt. Nun hat sie sich umgestellt und kann mich, die sie aus der Gosse holte, nicht mehr grüßen!«

DIE JÜDISCHE ÄRZTIN
HERTHA NATHORFF
IN IHREM TAGEBUCH,
9. OKTOBER 1935[8]

Obwohl die Juden weniger als ein Prozent der deutschen Bevölkerung ausmachten, beschuldigten die Nationalsozialisten sie, im Deutschland der Weimarer Republik die Macht an sich gerissen zu haben. Zu den Plänen der NS-Bewegung gehörte es deshalb, die Juden gesellschaftlich völlig auszugrenzen. Schon im April 1933 rief die NSDAP zu einem Boykott von jüdischen Geschäften und Warenhäusern auf. Einige emigrierten daraufhin. Insgesamt aber misslang der Boykott. Teile der deutschen Bevölkerung beachteten ihn nicht besonders. Die Nationalsozialisten zogen daraus die Lehre, in Zukunft vorsichtiger und schrittweise vorzugehen. Denn sie wollten und mussten die aktive Unterstützung oder wenigstens das passive Einverständnis der Bevölkerung gewinnen. In den 30er-Jahren erließ die NS-Regierung über 400 Gesetze, die den deutschen Juden ihre bürgerlichen und wirtschaftlichen Rechte raubten. Diese vermeintlich geordnete und rechtliche Entwicklung, die in Deutschland fünf Jahre dauerte, traf Österreich über Nacht, als es im März 1938 an das Deutsche Reich angeschlossen wurde. Jüdische Ärzte,

Anwälte, Lehrer, Professoren und Unternehmer erhielten Berufsverbot. Damit waren sie ihrer Möglichkeiten beraubt, sich und ihre Familien zu versorgen. Jüdische Schulkinder wurden gezwungen, auf besondere Schulen zu gehen, jüdische Studenten durften keine Vorlesungen mehr besuchen. Die jüdischen Hochschullehrer waren schon seit 1933 aus ihren Ämtern entfernt. 1935 besiegelten die »Nürnberger Gesetze« das bürgerliche Ende der Minderheit: Jüdische Bürger waren nur noch Staatsbürger minderen Rechts, die »Reichsbürgerschaft« wurde ihnen vorenthalten. Ein Teil der jüdischen Bevölkerung versuchte zu emigrieren. Aber auch jene Juden, denen es gelang, in einem anderen Land Asyl zu finden, wurden gezwungen, vor ihrer Abreise ihr Eigentum an den deutschen Staat und an private Konkurrenten abzutreten. Man nannte das »Arisierung«. Das letzte und deutlichste Symbol für die Aussonderung

»Juden« nach den Nürnberger Gesetzen

Ihre Judenfeindschaft begründeten Nationalsozialisten rassistisch. Also versuchten sie nach der Abstammung festzulegen, wer als »Jude« gelten sollte. Das war genauso unmöglich wie zum Beispiel ein Versuch, »Christen« nach ihrer Abstammung – und nicht nach ihrem Glauben – zu beschreiben.

Nach dem »Gestz zum Schutz des deutschen Blutes und der deutschen Ehre« vom September 1935 galt als »Jude«, wervon mindestens drei Großelternteilen jüdischen Glaubens abstammte. »Jude« war auch, wer von nur zwei jüdischen Großelternteilen abstammte, aber der jüdischen Glaubensgemeinschaft angehörte oder mit einem »Volljuden« verheiratet war. Wer ›nur‹ zwei jüdische Großelternteile besaß, galt als »Halbjude»; »Vierteljuden« gingen auf einen jüdischen Großelternteil zurück. Beide aber durften 1935 nicht zur jüdischen Glaubensgemeinschaft gehören und auch nicht mit Juden verheiratet sein, sonst betrachtete man sie nämlich als »Geltungsjuden«.

Nach diesen rassistischen Regeln in Deutschland, die später teilweise auf die besetzten Länder übertragen wurden, war es also ziemlich unerheblich, ob ein »Jude« als Christ oder Jude lebte oder ob er vielleicht gar nicht religiös empfand. – Für die Betroffenen aber waren die Zuordnungen am Ende lebensentscheidend.

und Entrechtung bildete das Gesetz vom September 1941, nach dem alle deutschen Juden einen gelben Davidsstern auf ihrer Kleidung tragen mussten.

Diese schrittweise Aussonderung wie überhaupt das Bestreben, Deutschland »judenfrei« zu machen, wurde von den meisten Deutschen geduldet oder unterstützt. Nur ganz wenige protestierten oder versuchten Juden zu helfen. Als die Deportationen Ende 1939 begannen, hatten deutsche Juden kaum noch Kontakt zu ihren christlichen Nachbarn.

Die Plünderung der Opfer

Der Völkermord an den europäischen Juden bedeutete auch die umfassendste und bestorganisierte Plünderung der Geschichte. Nach der nationalsozialistischen Machtübernahme griffen der deutsche Staat und viele »Volksgenossen« nach dem Privatbesitz der Juden, nach Kunstwerken, Schmuck, Grundstücken und anderen privaten Werten. Auch jüdische Betriebe, Unternehmen und Banken wurden »arisiert«. Einige Juden versuchten Teile ihres Eigentums in das Ausland zu retten, insbesondere in die Schweiz: Bargeld, Versicherungen, Edelmetall und Juwelen. Aber das gelang nur zu einem geringen Teil.

Die Deutschen gingen sehr gründlich vor bei der Beraubung derjenigen, die sie anschließend in die Tötungslager nach Polen deportierten. Selbst alles, was die Opfer mit sich trugen – Kleider, Schmuck, Schuhe und Brillen –, raubte man ihnen unmittelbar nach der Ankunft. Viele dieser Werte wurden nach Deutschland zurückgebracht und an die deutsche Bevölkerung verteilt.

Die SS fand sogar für die Körper Verwendung: Abgeschnittenes Frauenhaar der Ermordeten verarbeitete man für Socken der U-Bootbesatzungen oder für Dichtungen. Goldzähne wurden herausgerissen und eingeschmolzen. Die Asche verbrannter Körper diente als Dünger.

Erst heute wird richtig erkannt, wie umfassend diese Plünderung war. Viele europäische Staaten haben Untersuchungskommissionen eingesetzt, um die Frage der Rückerstattung und Entschädigung zu klären. Die Bundesrepublik Deutschland hat bereits mehrere hunderttausend Überlebende (in der westlichen Welt) entschädigt. Aber von jenen, die in Osteuropa lebten oder leben, hat fast keiner eine Entschädigung erhalten.

Terror gegen jüdische Geschäfte

Schon im April 1933 unternehmen die Nationalsozialisten erste öffentliche Versuche, jüdische Geschäftsinhaber zu schädigen. Eine Methode ist es, Hitlerjungen »Warnschilder« an jüdischen Läden anbringen zu lassen. Ähnliche Aktionen gegen jüdische Ärzte, Anwälte und Gewerbebetriebe finden in ganz Deutschland statt.

Die Ärztin Hertha Nathorff berichtet über die Ereignisse im April 1933: »Mit Flammenschrift steht dieser Tag in mein Herz eingegraben. Dass so etwas im 20. Jahrhundert noch möglich ist. Vor allen jüdischen Geschäften, Anwaltskanzleien, ärztlichen Sprechstunden, Wohnungen stehen junge Bürschlein in Uniform mit Schildern ›Kauft nicht bei Juden‹, ›Geht nicht zum jüdischen Arzt‹, ›Wer beim Juden kauft, ist ein Volksverräter‹, ›Der Jude ist die Inkarnation der Lüge und des Betruges‹. Die Arztschilder an den Häusern sind besudelt und zum Teil beschädigt und das Volk hat gaffend und schweigend zugesehen. Mein Schild haben sie wohl vergessen zu überkleben. Ich glaube, ich wäre tätlich geworden. Erst nachmittags kam so ein Bürschlein zu mir in die Wohnung und fragte: ›Ist das ein jüdischer Betrieb?‹ – ›Hier ist überhaupt kein Betrieb, sondern eine ärztliche Sprechstunde‹, sagte ich, ›sind Sie krank?‹ Nach diesen ironischen Worten verschwand der Jüngling, ohne vor meiner Türe Posten zu stehen. [...] Abends waren wir bei unseren Freunden am Hohenzollerndamm, 3 Ärztepaare. Alle ziemlich gedrückt. ›In ein paar Tagen ist alles vorbei‹, versuchte Freund Emil, der Optimist, uns zu überzeugen, und sie verstehen mein Aufflammen nicht, als ich sage, ›sie sollen uns lieber gleich totschlagen, es wäre humaner als ihr Seelenmord, den sie vorhaben ...‹ Aber mein Gefühl hat noch immer Recht behalten.«[9]

»Juden« werden aus Schulen entfernt

Nach 1933 wurden jüdische Schüler systematisch ausgesondert und anschließend von den deutschen Schulen vertrieben. Das Foto zeigt zwei jüdische Schüler, die im Unterricht über die nationalsozialistische Weltanschauung gedemütigt werden. Auf der Tafel steht: »Der Jude ist unser größter Feind! Gebt Acht auf die Juden!«

Einige jüdische Schülerinnen berichten, wie sie in den 30er-Jahren die Einführung der NS-Ideologie an den Schulen zu spüren bekamen: »Für die junge Hilma Geffen-Ludomer, das einzige jüdische Kind im Berliner Vorort Rangsdorf, bedeutete das Gesetz gegen die Überfüllung deutscher Schulen und Hochschulen eine totale Veränderung. Die ›nette nachbarschaftliche Atmosphäre‹ endete ›abrupt [...]. Plötzlich hatte ich keine Freunde mehr. Ich hatte keine Freundinnen mehr, und viele Nachbarn hatten Angst, mit uns zu reden. Manche von den Nachbarn, die wir besuchten, sagten zu mir: Komm nicht mehr, weil ich Angst habe. Wir sollen keinen Kontakt zu Juden unterhalten.‹

Lore Gang-Saalheimer, die 1933 elf Jahre alt war und in Nürnberg lebte, konnte in ihrer Schule bleiben, da ihr Vater vor Verdun gekämpft hatte. Trotzdem ›kam es immer öfter vor, dass nichtjüdische Kinder zu mir sagten: Nein, ich kann nicht mehr mit dir von der Schule nach Hause gehen. Ich kann mich nicht mehr mit dir sehen lassen.‹

›Mit jedem Tag der Naziherrschaft‹, schrieb Martha Appel, ›wurde die Kluft zwischen uns und unseren Mitbürgern weiter. Freunde, mit denen wir lange Jahre hindurch freundschaftlich verbunden waren, kannten uns nicht mehr. Plötzlich stellten wir fest, dass wir eben doch anders waren als sie.‹«[10]

»Reichskristallnacht«

Am Vormittag des 7. November 1938 schoss der 17-jährige, aus Polen stammende Jude Herschel Grynszpan in der deutschen Botschaft in Paris auf den Legationssekretär Ernst vom Rath. Deutschland hatte Grynszpans Eltern – wie mehr als 10 000 andere polnische Juden auch – in der Woche zuvor ausgewiesen. Der Schuss war Grynszpans Protest gegen die schwere Lage der staatenlosen Eltern im Niemandsland an der deutsch-polnischen Grenze. Denn die polnischen Behörden ließen die vertriebenen Juden nicht nach Polen hinein. Als vom Rath an seinen Verletzungen starb, wies Propagandaminister Goebbels das in München versammelte Führungspersonal der NSDAP an, den deutschen Juden die Schuld an dem Mord zu geben und Gewalttätigkeiten gegen Juden und ihre Synagogen auszulösen.

Es folgte der größte organisierte Pogrom im Europa moderner Zeit: In der Nacht zwischen dem 9. und 10. November 1938 wurden mehr als 1 000 Synagogen in ganz Deutschland und 7 000 jüdische Geschäfte zerstört und geplündert, jüdische Friedhöfe geschändet, mindestens 91 Juden ermordet und etwa 26 000 männliche Juden in Konzentrationslager verschleppt. Die Täter waren Nationalsozialisten, aber Polizei, Verwaltungen und Justiz unterstützten sie und die »arischen« Deutschen sahen zu. Die NS-Regierung gab schließlich den Juden die Schuld an diesen Ereignissen und zwang jüdische Organisationen, die riesige Summe von einer Milliarde Mark als »Entschädigung« an den deutschen Staat zu zahlen. Versicherungsleistungen wurden eingezogen und jüdische Geschäftsinhaber mussten die Trümmer beseitigen, um »das Straßenbild wiederherzustellen«.

Die Ereignisse des 9. und 10. November 1938 bildeten den Ausgangspunkt für die nächste Stufe der Verfolgungsmaßnahmen: Unter der Leitung von Hermann Göring besprachen verschiedene Minister, Verwaltungsspitzen und Vertreter der Wirtschaft am 12. November 1938 in Berlin das weitere Vorgehen gegen die deutschen Juden. In nur zwei Monaten erschienen zahlreiche Verordnungen, die Juden aus dem Wirtschaftsleben völlig ausschalteten, ihnen den Besuch öffentlicher Schulen und Hochschulen untersagten und auch die Teilnahme an öffentlichen Veranstaltungen wie Theater- und Kinoveranstaltungen verboten. Am 24. Januar 1939 ordnete Göring an, dass »die Judenfrage« durch »Auswanderung und Evakuierung gelöst« werden solle.

Deutsche Bibliothekare haben früh damit begonnen, die Rassenzugehörigkeit von Personen im deutschen Kulturleben systematisch zu überprüfen und zu verzeichnen. Sie betrachteten es als selbstverständlich, ihre Fertigkeiten und Kenntnisse dem NS-System zur Verfügung zu stellen. Dank dieser »Vorarbeiten« konnten jüdische Schriftsteller, Redakteure und Professoren »beseitigt« werden.[11]

Studenten verbrennen am 10. Mai 1933 in Berlin »undeutsche« Bücher von jüdischen oder demokratischen Autoren.

Die Einrichtung von Ghettos

Im Mittelalter war es nicht unüblich gewesen, dass Juden in bestimmten Stadtteilen leben mussten. Man bezeichnete sie seit dem 16. Jahrhundert als »Ghetto«. Die deutschen Ghettos wurden während der napoleonischen Kriege Anfang des 19. Jahrhunderts beseitigt.
Nach der Entfesselung des Zweiten Weltkrieges am 1. September 1939 zwang die deutsche Besatzungsmacht die polnischen Juden, ihre Wohnstätten zu verlassen und in bestimmte Stadtteile zu ziehen. Die ersten neuen Ghettos entstanden Anfang 1940, bald gab es hunderte kleinerer und größerer Ghettos überall in Polen, später dann im ganzen besetzten Osteuropa.
Diese Ghettoisierung bildete den Beginn eines Konzentrations- und Sammlungsvorgangs, der später die Ermordung organisatorisch erleichterte.

»Ein schöner sonniger Tag hat begonnen. Die Straßen, die von den Litauern abgesperrt worden waren, sind mit Leben und Bewegung erfüllt. [...] Schnell haben wir einen ersten Anblick vom Zuzug im Ghetto bekommen, ein Bild aus dem Mittelalter – eine grau-schwarze Masse, die gebeugt von den schweren Bündeln geht, die auf ihren Rücken drücken. Wir begreifen, dass unsere Zeit bald gekommen sein wird. Ich betrachte die Unordnung im Haus, die zusammengebündelten Sachen und die verzweifelten Menschen. Ich sehe meine Habe verstreut. Sachen, die ich benutzt habe und die mir lieb geworden waren [...] Die Frau steht verzweifelt mitten in ihren zusammengebundenen Habseligkeiten und weiß nicht, wie sie damit hantieren soll. Sie weint und verdreht ihre Hände. Plötzlich fängt alles um mich herum an zu weinen. Alles weint.«

AUS DEM TAGEBUCH DES 13-JÄHRIGEN YITZCHAK RUDASHEVSKI, WILNA, 6. SEPTEMBER 1941[12]

Eine Brücke über eine »arische« Straße im Ghetto von Lodz, Polen. Die Juden in den Ghettos sollen streng getrennt von der Umwelt leben. Deshalb werden in größeren Ghettos, durch die »arische« Durchfahrtsstraßen führen, derartige Brücken zwischen einzelnen Ghettoteilen gebaut. Das Gedränge auf der Brücke spiegelt die engen Verhältnisse im Ghetto: Zahllose Menschen müssen auf kleinster Fläche zusammenleben.

> **Sicherheitspolizei- und SD-Chef Heydrichs Anordnung vom 27. September 1939, wie die Juden zusammengeführt werden sollen**
>
> Die Juden sollen in den Städten in Ghettos zusammengeführt werden, wo man sie leichter kontrollieren und von wo man sie später wegführen kann. Die dringendste Aufgabe ist es, darauf hinzuwirken, dass die jüdischen Händler vom platten Land verschwinden. Diese Aufgabe muss innerhalb der nächsten drei bis vier Wochen erledigt worden sein. Solange die Juden als Händler auf dem Lande da sind, muss mit der Wehrmacht abgeklärt werden, welche Juden am Ort bleiben dürfen, um die Lebensmittelversorgung der Truppe zu sichern. Folgende Anordnung wurde gegeben:
> 1. Die Juden in die Städte so schnell wie möglich.
> 2. Die Juden raus aus dem Deutschen Reich und nach Polen.
> 3. Die übrig gebliebenen Zigeuner auch nach Polen.
> 4. Systematische Verbringung der Juden aus deutschem Territorium mit Güterzügen. [...]

DIE EINRICHTUNG VON GHETTOS

»Drei Wochen an deutschen Fronten: Jüdische Karawane.«

»Die Juden in Kaunas (Kovno) müssen auf der Straße gehen. Man beachte den Judenstern auf der Brust! Darunter: Die große Judenumsetzung in der Stadt ist in vollem Gang. Ein eindeutiges Schild: ›Wer plündert, wird erschossen!‹«

»In dem gigantischen Kampf des neuen Deutschland an verschiedenen Fronten nimmt die Judenfrage einen vorderen Platz ein, und darüber, wie man die Frage in den besetzten Gebieten im Osten löst, bekommt man im nebenstehenden Artikel einen starken und anschaulichen Eindruck – der zweite in einer Serie von Artikeln über ›Drei Wochen an deutschen Fronten‹, die die von AB [*Aftonbladet*] entsandten Mitarbeiter in der gestrigen Ausgabe einleiteten.«

Das neutrale Ausland erfuhr durch die deutschfreundliche Presse, was im Rücken der Wehrmacht beim deutschen Vormarsch geschah. Oben ein Artikel aus *Aftonbladet*, der deutschfreundlichen schwedischen Tageszeitung, vom 14. August 1941. Der Journalist Fritz Lönnegren, der eine Sondergenehmigung erhalten hatte, der vorrückenden Wehrmacht zu folgen, beschreibt die Bildung des Ghettos in Kaunas (Litauen). Der Artikel zeigt Verständnis für die Grausamkeiten der litauischen Bevölkerung gegenüber Juden beim deutschen Einmarsch. Und er unterstützt auch die Bildung des Ghettos.

Leben im Ghetto

1942 bestanden hunderte kleiner und großer Ghettos in Polen wie in den anderen besetzten Ländern Osteuropas. Deutsche Besatzungsbehörden fassten in vielen dieser Ghettos nicht nur die jüdische Bevölkerung aus der Region zusammen, sondern auch hierher deportierte Juden und »Zigeuner« aus Deutschland wie Österreich. Die Lebensumstände in diesen Quartieren waren unerträglich. Die deutschen Behörden verhinderten bewusst, dass normale Regeln einer Gesellschaft in den Ghettos verwirklicht werden konnten: Die Ghettos waren Todesfallen.

Ein wichtiges Element bildete die absichtlich herbeigeführte extreme Enge. So mussten beispielsweise im Warschauer Ghetto über 400 000 Menschen hausen: für eine Person nur etwa siebeneinhalb Quadratmeter Platz! Familien lebten mit 15 und mehr Menschen in einem einzigen Raum. Im Winter war Brennstoff so knapp, dass Bewohner gewöhnliche Kohlen als »schwarze Perlen« bezeichneten. Die Schwierigkeiten, Lebensmittel zu erhalten, bedeuteten für Ghettoinsassen einen täglichen Kampf ums Überleben. Deutsche Behörden teilten im Warschauer Ghetto ungefähr 200 Kalorien pro Tag zu. Zum Vergleich: Diätkost zum Abnehmen in einem Krankenhaus liegt heute bei etwa 1 000 Kalorien. Deshalb waren die Ghettobewohner auf das Schmuggeln von Nahrungsmitteln angewiesen. Wen sie aber mit versteckten Lebensmitteln ertappten, den erschossen deutsche Wachen oft unmittelbar.

Nach der deutschen Besetzung Polens 1939 werden die Juden gezwungen, den Davidsstern als Erkennungszeichen an der Kleidung zu tragen. In Warschau soll er blau auf weißem Band am Unterarm befestigt werden. Die alte jüdische Frau im Warschauer Ghetto versucht damit zu überleben, dass sie gestärkte Bänder verkauft. Das Bild hat der deutsche Wehrmacht-Feldwebel Heinrich Jöst am 19. September 1941 aufgenommen.

»Dieser Tag, Sonntag, der 13. Oktober, machte einen wunderlichen Eindruck auf mich. 140 000 Juden aus den Vororten Warschaus [...] werden gezwungen, ihr Heim zu verlassen und in das Ghetto zu ziehen. Alle Vororte sind von Juden geleert worden, und 140 000 Christen werden gezwungen, die Ghettoquartiere zu verlassen. [...] Den ganzen Tag bewegten die Menschen Möbel. Der Jüdische Rat wurde von Menschen belagert, die wissen wollten, welche Straßen zum Ghetto gehörten.«

EMMANUEL RINGELBLUM, HISTORIKER IN WARSCHAU, OKTOBER 1940[13]

Diese unvorstellbaren Lebensverhältnisse im Ghetto führten unausweichlich zu Krankheiten und schweren Epidemien, vor allem Typhus. Die so erzeugte »natürliche« Sterblichkeitsrate stieg mit der Zeit dramatisch an: Im Jahr 1941 starb einer von zehn Bewohnern des Warschauer Ghettos an Hunger und Krankheit. Krankenfürsorge war kaum möglich, weil jüdische Ärzte und Krankenschwestern über keinen Zugang zu Medikamenten verfügten und auch stärkende Nahrung oder geeignete Krankenlager waren nicht vorhanden. Ein Arzt notierte: »Aktive, engagierte und energische Menschen verwandeln sich in apathische, traumwandlerische Lebewesen. Sie liegen ständig auf ihrer Schlafstätte und schaffen es kaum, aufzustehen, um etwas zu essen oder auf die Toilette zu gehen. [...] Sie sterben bei körperlichen Anstrengungen, wie der Suche nach Nahrung, manchmal sogar mit einem Stück Brot in der Hand.« – Es gab nicht einmal Möglichkeiten, den ungezählten abgemagerten und elternlosen Kindern zu helfen, die im Ghetto lebten. Tote lagen auf den Straßen, überdeckt mit Zeitungspapier – so lange, bis sie in eines der Massengräber verfrachtet wurden.

Dem körperlichen Tod folgte der kulturelle: Die deutschen Besatzer raubten private und öffentliche jüdische Bibliotheken. Auch die reichen und mehrere Jahrhunderte alten jüdischen Archive Osteuropas wurden geraubt oder zerstört. Als 1942 die Deportationen aus den Ghettos einsetzten, benutzte man zurückgebliebene Bücher und Manuskripte als Brennstoff.

Trotz dieser Umstände versuchten die Ghettobewohner einigermaßen »normal« zu leben. Schulunterricht war verboten; es gab ihn dennoch: Im Ghetto von Lodz bestanden allein 63 Schulen mit 22 330 Schülern. Junge Menschen versuchten sich trotz allem zu bilden. So auch David Sierakowiak in Lodz. Am 25. März 1942 schrieb er in sein Tagebuch: »Ich fühle mich sehr krank. Ich lese, aber kann gar nicht richtig arbeiten, deshalb übe ich englische Vokabeln. Unter anderem lese ich Schopenhauer. Philosophie und Hunger, das ist eine Mischung!«

Obwohl Deutsche hunderte Synagogen in Polen niedergebrannt hatten, setzten gläubige Juden ihr religiöses Leben im Ghetto fort. Das war meist verboten. Wenn die Gestapo oder die SS jüdische Gottesdienste entdeckte, folgten Verhöhnung und Mord: Wurden die Betenden nicht sofort erschossen,

Jüdische Jungen
am Gehsteigrand sitzend
im Warschauer Ghetto.

Der »mächtige Herr« im Ghetto

Das Dasein im Ghetto bot keinen Anlass zur Heiterkeit, doch manchmal fanden die Bewohner trotzdem Grund zum Lachen. Chaim Kaplan schreibt in seinem Tagebuch unter dem 15. Mai 1940:
»Einmal kam ein bestimmter Nazi ins Ghetto, aus einem Teil des Landes, wo die Juden jeden Nazi-Soldaten, dem sie begegnen, grüßen und dabei die Kopfbedeckung abnehmen müssen. Diesen Brauch gibt es im Warschauer Ghetto nicht, aber der ›verehrte Gast‹ wollte streng auftreten und zwang uns die Regeln auf, die in seinem Herkunftsort galten. Plötzlich entstand ein gefährlicher Tumult in der jüdischen Karmelicka-Straße: Irgendein wahnsinniger Nazi forderte, dass ein jeder, der an ihm vorübergeht, als Respekterweis den Hut abnehmen soll. Viele flohen, viele versteckten sich, viele wurden ergriffen und für ihren Ungehorsam verprügelt und viele brachen in lautes Gelächter aus. Die kleinen ›Besserwisser‹, die wahren Herren der Straße, merkten, was vor sich ging, und fanden großen Gefallen darin, dem Nazi Folge zu leisten; sie erwiesen ihm die große Ehre auf eine Weise, die den ›mächtigen Herrn‹ zum Gespött der Vorbeigehenden machen sollte. Sie sprangen vor und zurück und grüßten ihn hundertfach, wobei sie jedes Mal die Mützen abnahmen. Ihre Zahl wuchs und sie hörten nicht auf, mit vorgespiegeltem erschrockenem Gesichtsausdruck die Mützen abzunehmen und sich zu verbeugen. Einige machten das mit unbewegter Miene, während die hinten Stehenden in Gelächter ausbrachen. So ging es weiter, andere kamen hervor und verbeugten sich vor dem Nazi mit entblößtem Haupt. Das Gelächter wollte nicht enden.«[14]

so schnitt man ihnen zum Beispiel die Bärte ab oder zwang sie, auf die Gebetbücher und Thorarollen zu urinieren.

Auch andere kulturelle Aktivitäten, wie Musik, Kunst und Theater, entfalteten die Ghettoinsassen, um die »Moral« aufrechtzuerhalten, nämlich um als Menschen zu überleben. In Lodz beispielsweise bestand ein Puppentheater für Kinder und in Warschau ein Kinderchor. Es gab Konzerte und Theateraufführungen in den Ghettos – so lange, bis die Musiker und Schauspieler deportiert waren.

Historiker haben solche Aktivitäten als eine Form des Widerstandes bezeichnet. In den Ghettos gab es auch Menschen, die erkannten, wie wichtig es für die Zukunft wäre, alles, was geschieht, aufzuzeichnen. Einige führten Tagebuch. Andere organisierten Gruppen, die systematisch Zeugenaussagen und Dokumente über das Leben im Ghetto, die deutsche Politik und deren Verbrechen im Einzelnen sammelten. Zu ihnen zählten Historiker wie Emmanuel Ringelblum, der Lehrer Chaim Kaplan in Warschau und der Jurist Abraham Tory in Kovno (Kaunas).

Deutschland beutete die Ghettobewohner als billige Sklavenarbeiter aus. So spielten viele Ghettos in der deutschen Kriegswirtschaft eine wichtige Rolle: In den Ghettos in Warschau, Lodz, Bialystok und Sosnowiec war beinahe die ganze Produktion darauf ausgerichtet. Oft nutzten auch einzelne Deutsche die jüdische Arbeit, um sich selbst zu bereichern. Viele Opfer glaubten deshalb, dass Arbeit ihre einzige Chance zum Überleben wäre. Aber es zeigte sich stets früher oder später, dass der Wille der Nationalsozialisten, die Juden zu ermorden, noch wichtiger war, als Nutzen aus ihnen zu ziehen.

»*Hörte, wie der Rabiner aus Wengrow an Jom Kippur [Versöhnungstag] getötet wurde. Ihm wurde befohlen, die Straße zu reinigen. Dann wurde ihm befohlen, den Abfall aufzunehmen und in seine Pelzmütze zu stecken; als er sich nach vorn beugte, wurde er dreimal von einem Bajonett durchbohrt. Er setzte die Arbeit fort und starb arbeitend.*«

AUS EMMANUEL RINGELBLUMS
*AUFZEICHNUNGEN
AUS DEM WARSCHAUER GHETTO*,
26. APRIL 1941[15]

Bendzin, 1942. Hauptmann Franz Polter aus Breslau sammelt die jüdischen Kinder um sich und schreit: »Ihr habt den Krieg gewollt!« – Wir schauen ihn an und verstehen nichts. Ein sechsjähriges Kind traut sich, aus der Reihe hervorzutreten: »Nein, Onkel SS-Mann, wir wollen keinen Krieg, wir wollen ein Stückchen Brot.«

ELLA LIEBERMANN-SHIBER[16]

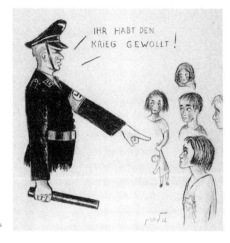

Ausweglose Entscheidungen

Ein zentraler Punkt der nationalsozialistischen Judenpolitik war es, die Opfer zu zwingen, die Ghettos selbst zu verwalten. Deshalb schufen die deutschen Besatzer in allen Ghettos so genannte »Judenräte«. Die Männer im Rat waren unter Todesandrohung verpflichtet, deutsche Befehle auszuführen: Es war der Judenrat, der die Namenslisten derjenigen Menschen aufstellen musste, die deportiert werden sollten. Der jüdische »Ordnungsdienst« musste die Todgeweihten zusammentreiben und zu den wartenden Zügen oder Lastkraftwagen bringen.

Die Frage, ob man gegen diesen Zwang Widerstand leisten sollte, war stets auf der Tagesordnung. Aber grausame gemeinschaftliche Bestrafungen machten die Entscheidung sehr schwer. In einigen Ghettos unternahm deshalb die Leitung des Judenrates alles, um Widerstandsversuchen entgegenzuwirken. Ein Beispiel dafür ist Jakob Gens, der Vorsitzende des Judenrates in Wilna (Litauen). Am 15. Mai 1943 berichtete er vor einigen Ältesten im Ghetto, dass die Gestapo einen Juden ergriffen habe, der einen Revolver besaß. Gens warnte: »Noch weiß ich nicht, wie dieser Fall weitergehen wird. Zunächst endete er für das Ghetto glücklich. Aber ich kann sagen, dass, wenn dergleichen noch einmal passiert, wir hart bestraft werden. Vielleicht führen sie dann alle über

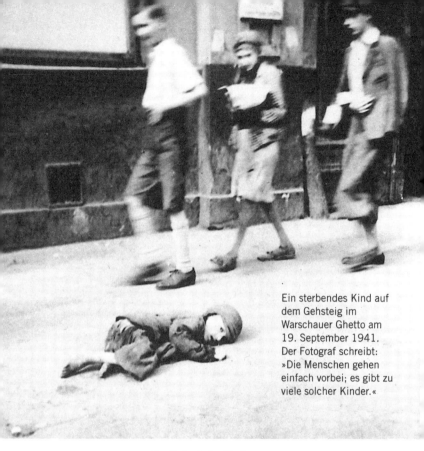

Ein sterbendes Kind auf dem Gehsteig im Warschauer Ghetto am 19. September 1941. Der Fotograf schreibt: »Die Menschen gehen einfach vorbei; es gibt zu viele solcher Kinder.«

Der Tod auf der Straße

Im Ghetto war der Tod allgegenwärtig. Die Krankenschwester Adina Blady Szwajger schildert den Alltag im Warschauer Ghetto im Sommer 1941:
»Nach drei Wochen ging ich wieder in die Klinik [...] wieder an meine Arbeit in der Typhusstation, wo wenigstens keine Kinder starben. Nur hatten wir nicht genug Betten für sie, sodass sie zu zweit, bisweilen gar zu dritt in einem Bett lagen, jedes mit einem kleinen Stück Heftpflaster auf der Stirn, das eine Nummer trug, damit wir die kleinen Patienten voneinander unterscheiden konnten. Glühend vor Fieber, riefen sie in einem fort und verlangten zu trinken. Doch am Fleckfieber starben sie nicht. Wir entließen sie, waren jedoch völlig erschöpft, denn täglich nahmen wir ein Dutzend neuer Kinder auf, so musste dieselbe Anzahl entlassen oder von »Verdacht« auf »Sicher« umgeschrieben werden, und die Krankenblätter der Typhusstation kamen schließlich alle in die Hände der Deutschen. Wir entließen die kleinen Patienten, damit sie zu Hause an Hunger sterben oder mit aufgedunsenem Leib wiederkommen konnten, um hier die Gnade eines sanften Todes zu erfahren. So war es jeden Tag.«[18]

sechzig oder alle Kinder fort. [...] Überdenkt nun, ob dies das Risiko wert ist!!! Es gibt für den, der vernünftig und klug denkt, nur eine Antwort darauf: Es ist das Risiko nicht wert!!!«[17]

In anderen Ghettos versuchten Judenräte dagegen mit jenen, die Widerstand organisierten, zusammenzuarbeiten. – Auf Dauer aber spielte es für das Schicksal der allermeisten keine Rolle, welche Entscheidung sie trafen. Die deutsche Herrschaft war so übermächtig und die Isolierung und Entrechtung der Juden so vollständig, dass – egal, ob man die Anpassung an die deutschen Forderungen oder den Widerstand wählte – das Ergebnis immer dasselbe war: der gewaltsame Tod.

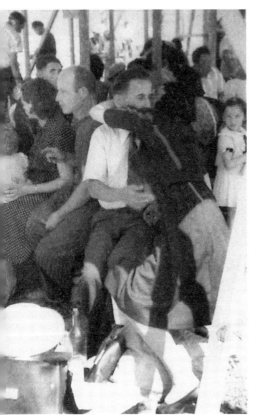

Ein Sonntag im Lager Beaune-la-Rolande, südlich von Paris, wo der Besuch von Familienangehörigen noch zugelassen ist. Die Männer werden im Juni 1942 in Tötungslager nach Polen deportiert, die Frauen und Kinder im Juli und August.

Die französische Regierung von Vichy wird von den deutschen Besatzern nicht gezwungen, die Juden zu diskriminieren. Dennoch verliert sie keine Zeit, antijüdische Gesetze zu erlassen. Als im Juli 1942 massive Verhaftungen von Juden einsetzen, ist es französische Polizei, die sie durchführt. Von den rund 80 000 Juden, die in die Tötungslager deportiert werden, sind ein Zehntel über 60 Jahre und ein Zehntel unter sechs Jahre alt. Erst als die Juden mit »ausländischem Hintergrund« deportiert worden sind, beenden die französischen Behörden die Zusammenarbeit und erschweren weitere Versuche der Deutschen, Juden aufzuspüren und zu verhaften.

Die Verfolgung in Europa

Auch wenn das Muster überall das gleiche war, das heißt Registrierung, Zusammentreibung, Deportation und schließlich Ermordung, so verlief der Prozess in den verschiedenen europäischen Ländern auf jeweils eigene Art und Weise.

Ungarn war während des Krieges mit NS-Deutschland verbündet. Trotzdem lebte die große jüdische Bevölkerung von rund einer Million Menschen, einschließlich der Flüchtlinge aus anderen Ländern, dort bis 1944 in gewisser körperlicher Sicherheit. Auch wenn Ungarn antijüdische Gesetze erließ, widerstanden die dortigen Führer dem deutschen Druck, die Juden in Tötungslager zu deportieren. Das änderte sich, als die Wehrmacht Ungarn im März 1944 besetzte. Mitte Mai 1944 begannen die Transporte von Juden nach Auschwitz. In 42 Tagen wurden mehr als 437 000 ungarische Juden direkt nach Auschwitz-Birkenau deportiert. Bis zu 12 000 Menschen ermordete man täglich mit Gas! Anfang Juli 1944 verlangte der ungarische Regierungschef Miklos Horthy die Einstellung der Deportationen. Da die Deutschen auf ungarische Hilfe angewiesen waren, rettete dieser Beschluss 200 000 Juden

»Die Wagen kamen an. Wir nahmen die kleinen Kreaturen in einem unbeschreiblichen Zustand in Empfang. Schwärme von Insekten umgaben sie, ebenso ein schrecklicher Gestank. Sie waren von Pithiviers in verschlossenen Wagen tage- und nächtelang hierher transportiert worden, 90 in einem Wagen, mit einer Frau, die oft drei, vier oder fünf ihrer eigenen Kinder in der Gruppe dabeihatte. Sie sind alle zwischen 15 Monate und 13 Jahre alt und unbeschreiblich schmutzig. [...] Drei Viertel von ihnen sind bedeckt mit eitrigen Wunden, einer Art Hautausschlag. Man müsste Ihnen unbedingt helfen. Aber wir haben nicht die Mittel dazu [...]. Sofort errichten wir Duschen. Doch wir haben gerade mal vier Handtücher für 1 000 Kinder. [...] Ich werde die Gesichter von diesen Kindern niemals vergessen; endlos gehen sie an meinen Augen vorbei.«

ODETTE DALTROFF-BATICIE, GEFANGENE IN DRANCY, FRANKREICH, IM AUGUST 1942 ÜBER JÜDISCHE KINDER, DIE AUS ANDEREN SAMMELLAGERN NACH DRANCY KAMEN.[19]

in Budapest. Sie erhielten auch Hilfe von Diplomaten aus den neutralen Staaten Schweden, der Schweiz und dem Vatikanstaat. Aber am Ende des Jahres 1944 verloren rund 30 000 Juden aus Budapest ihr Leben, entweder auf Todesmärschen zur österreichischen Grenze oder durch Mordaktionen, die von den ungarischen Faschisten, den so genannten »Pfeil-Kreuzlern«, ausgeführt wurden.

Italien, auch mit Deutschland verbündet, erließ ebenfalls antijüdische Gesetze. Die zahlenmäßig kleine jüdische Bevölkerung war jedoch vor den deutschen Verfolgungen geschützt. Als aber die faschistische Regierung Benito Mussolinis im Juli 1943 zusammenbrach, trieben deutsche Truppen gemeinsam mit italienischen Antisemiten über 8 000 der 35 000 Juden Italiens zusammen und deportierten sie in das Tötungslager Auschwitz-Birkenau.

Jugoslawien, hier lebten etwa 80 000 Juden, wurde nach der deutschen Besetzung im April 1941 in einzelne Teile aufgeteilt. Die 16 000 serbischen Juden lebten hauptsächlich in Belgrad. Nach der Besetzung wurden sie von den Deutschen zu Sklavenarbeit gezwungen und enteignet. Im August 1941 fanden Massenverhaftungen statt und der größte Teil der serbischen Juden wurde erschossen. Ab Frühjahr 1942 nutzte man im Lager Semlin bei Belgrad auch einen »Gaswagen« für Mordaktionen. Im Sommer 1942 waren nur noch wenige hundert serbische Juden am Leben. Die faschistische Bewegung Kroatiens, die Ustascha, war während des Krieges mit Deutschland verbündet. Kroatische Juden wurden enteignet und gezwungen, einen gelben Davidsstern zu tragen. Das Regime ermordete zielgerichtet Serben, Juden und »Zigeuner«: Im Konzentrationslager Jasenovac starben zehntausende Serben, Sinti und Roma sowie 20 000 der 30 000 in Kroatien lebenden Juden. Schon Ende Oktober 1941 waren die meisten kroatischen Juden ermordet, später deportierte man über 7 000 nach Auschwitz. – Insgesamt starben so über 60 000 jugoslawische Juden einen gewaltsamen Tod.

Griechenland war von Deutschland und Italien besetzt. In der italienischen Besatzungszone lebten die Juden bis 1944 relativ sicher. In der deutschen Zone traf der Völkermord vor allem die 50 000 Juden in Saloniki: Zwischen März und August 1943 wurden etwa 44 000 von ihnen nach Auschwitz-Birkenau deportiert. – Nach dem Krieg kamen nur etwa 1 000 Juden nach Saloniki zurück.

Bulgariens Führer widerstanden den deutschen Forderungen, die über 50 000 jüdischen Bürger des Landes zu deportieren. Die bulgarischen Juden überlebten den Holocaust. Das Land ließ aber zu, dass Juden aus den besetzten Gebieten Trakien und Makedonien deportiert wurden. Über 11 000 Juden aus dem von Bulgarien kontrollierten Gebiet kamen so in das Tötungslager Treblinka.

In (Groß-)Rumänien lebten am

Anfang des Krieges über 750 000 Juden. In den Regionen Bessarabien und Bukowina sorgten rumänische Truppen mit deutscher Hilfe dafür, dass rund 160 000 von ihnen verhungerten oder erschossen wurden, während man über 150 000 nach Transnistrien, dem Gebiet zwischen Dnjestr und Bug, das deutsche und rumänische Truppen im Juli 1941 eingenommen hatten, deportierte. Dort wurden die meisten von ihnen gemeinsam mit den einheimischen Juden ermordet. In den zentral gelegenen Teilen Rumäniens überlebten etwa 300 000 Juden den Krieg. Das rumänische Regime unter dem Marschall Ion Antonescu verschonte, trotz anderer Verfolgungsmaßnahmen aus politischen Gründen, die auf dem Gebiet Altrumäniens lebenden Juden.

Nach der deutschen Besetzung Norwegens am 9. April 1940 begann die Ausgrenzung der 2 000 norwegischen Juden. Ende Oktober 1942 wurden mehrere hundert jüdische Männer über 16 Jahre in Trondheim, Bergen und Oslo festgenommen, enteignet und in Lager eingewiesen. In der Nacht zum 26. November verhaftete man auch jüdische Frauen und Kinder. Rund 1 000 Menschen, die Hälfte der norwegischen Juden, entkamen nach Schweden.

In Dänemark weigerte sich die Regierung, die 7 500 jüdischen Bürger und Flüchtlinge auszugrenzen. Im Rahmen ihrer anfangs gemäßigten Besatzungspolitik hielten sich die Deutschen fast drei Jahre lang zurück. Im August 1943 entschied Hitler anders: Es sollten im Oktober nun auch die dänischen Juden verhaftet werden. Gerüchte über die bevorstehende Aktion wurden jedoch ausgestreut und nahezu alle dänischen Juden konnten über Nacht mit Hilfe dänischer und schwedischer Fischer nach Schweden fliehen. Die dänische Regierung ließ nie nach, nach jenen zu fragen, die dennoch in das Konzentrationslager Theresienstadt deportiert worden waren. Die meisten dieser Verschleppten überlebten den Krieg und kehrten nach Dänemark zurück.

Auch die zahlenmäßig kleine jüdische Bevölkerung Finnlands, etwa 2 000 Menschen, entging der Ermordung, obwohl Finnland mit dem Deutschen Reich verbündet war. Abgesehen von Einzelfällen weigerte sich die finnische Führung erfolgreich, die Juden auszuliefern.

ZEITTAFEL

1940

- **Januar** — In deutschen Krankenhäusern werden erste Versuche unternommen, geistig Behinderte – darunter auch jüdische – durch Gas zu töten.
- **April – Juni** — Deutschland besetzt Dänemark, Norwegen, Holland, Belgien und Frankreich. Deutsche Sinti und Roma werden nach Polen deportiert.
- **April** — Das Ghetto von Lodz wird von der Außenwelt abgeriegelt. Himmler befiehlt die Errichtung eines Konzentrationslagers in Auschwitz.
- **3. Oktober** — Ausnahmebestimmungen gegen Juden in Vichy-Frankreich.
- **Oktober** — Die Juden in Warschau werden in einem Ghetto zusammengepfercht. Mitte November wird das Ghetto von der Außenwelt abgeschlossen.

1941

- **Januar** — Registrierung von Juden in Holland.
- **1. März** — Himmler besucht Auschwitz und befiehlt, dass in Birkenau (Auschwitz II) noch ein Lager errichtet werden soll.
  Er überlässt der I.G. Farben KZ-Gefangene, um bei Auschwitz eine Chemiefabrik zu bauen.
- **22. März** — »Zigeunerkinder« und dunkelhäutige Kinder dürfen nicht mehr in deutsche Schulen gehen.
- **30. März** — Hitler betont gegenüber seinen Generalen, dass der bevorstehende Krieg gegen die Sowjetunion ein »Vernichtungskrieg« sein wird.
- **22. Juni** — Deutscher Überfall auf die Sowjetunion. »Einsatzgruppen« beginnen östlich der polnischen Grenze mit Massenerschießungen. Am selben Tag hebt ein wichtiger Vertreter des NS-Regimes, der Führer der Deutschen Arbeitsfront Robert Ley, in einer Rede in Breslau hervor, dass die Juden immer »unser unversöhnlicher Feind« gewesen seien und sein würden, »der sein Äußerstes dafür tat, dass sich unser Volk auflöst, damit er herrschen kann. Darum müssen wir kämpfen, bis er vernichtet ist, und wir werden ihn vernichten! Wir wollen frei sein, nicht nur im Innern, sondern auch nach außen!«[20]
- **31. Juli** — Reichsmarschall Hermann Göring unterzeichnet eine Anordnung, die der SS die Vollmacht gibt, die »Gesamtlösung der Judenfrage« vorzubereiten.
- **1. Sept.** — Deutsche Juden ab dem sechsten Lebensjahr müssen einen gelben Davidsstern tragen.
- **18. Sept.** — Juden müssen um Erlaubnis bitten, wenn sie mit öffentlichen Verkehrsmitteln fahren wollen.
- **29. – 30. Sept.** — Mehr als 33 000 Juden aus Kiew werden in der Schlucht von Babi Jar von einem »Einsatzkommando« ermordet.
- **15. Okt.** — Juden dürfen Deutschland nicht mehr verlassen.

November	Die ersten Juden werden nach Theresienstadt deportiert, einem Ghetto/KZ, das als »jüdische Mustergemeinschaft« geeignet sein soll für Besichtigungen des Roten Kreuzes.
7. Dezember	Japans Angriff auf Pearl Harbor.
8. Dezember	Erste Ermordung von Juden durch Gas in einem Tötungslager: im polnischen Chelmno.
11. Dezember	Deutschland erklärt den USA den Krieg.
12. Dezember	Juden dürfen keine öffentlichen Telefone mehr benutzen.

1942

20. Januar	Der Chef des »Reichssicherheitshauptamtes«, Reinhard Heydrich, führt eine Besprechung mit Verwaltungsspitzen des NS-Staates in einer Villa am Berliner Wannsee durch, auf der die »Endlösung der Judenfrage« abgestimmt wird. Die Deportationen von Juden und Zigeunern aus dem Ghetto von Lodz nach Chelmno werden fortgesetzt.
15. Febr.	Erster Transport von Juden nach Auschwitz, die dort mit Zyklon-B-Gas ermordet werden. Deutsche Juden dürfen keine Haustiere mehr halten.
17. März	Erste Massenermordung durch Gas im Vernichtungslager Belzec südöstlich von Lublin.
20. März	Eine Gaskammer von Auschwitz-Birkenau wird in einem zu diesem Zweck umgebauten Bauernhof in Betrieb genommen.
April – Mai	Das Tötungslager Sobibor wird in Betrieb genommen.
4. Mai	Erstmals wird eine »Selektion« unter den Gefangenen durchgeführt, die seit einigen Monaten in Auschwitz-Birkenau sind. Die als »arbeitsuntauglich« eingestuften Gefangenen werden in die Gaskammern getrieben.
12. Mai	Deutsche Juden dürfen nicht mehr zu »arischen« Friseuren gehen.
Mai – Juni	Die Juden im besetzten Westeuropa müssen den Davidsstern tragen.
12. Juni	Deutsche Juden müssen alle elektrischen und optischen Geräte abliefern, außerdem Fahrräder und Schreibmaschinen.
1. Juli	Jüdische Kinder in Deutschland dürfen nicht mehr unterrichtet werden.
4. Juli	Erstmals wird auf der Eisenbahnrampe in Auschwitz beim Eintreffen eines Deportationszuges, es sind Juden aus der Slowakei, eine »Selektion« durchgeführt: SS-Ärzte ordnen die Eintreffenden nach ihrer »Einsatzfähigkeit«. Die einen müssen – vorerst – Sklavenarbeit ausführen, die anderen werden sofort in die Gaskammern getrieben.

7. Juli		Himmler bespricht mit Professor Carl Clauberg unter anderem die Unfruchtbarmachung von jüdischen Frauen. Himmler teilt Clauberg mit, dass ihm Auschwitz für Experimente an Gefangenen zur Verfügung stehe.
10. Juli		SS-Arzt Clauberg soll auf Wunsch Himmlers nach Ravensbrück fahren, um dort jüdische Frauen unfruchtbar zu machen. Himmler will insbesondere wissen, wie viel Zeit man dafür benötigt, 1 000 Frauen zu »behandeln«.
15. – 16. Juli		Erste Transporte von holländischen Juden nach Auschwitz.
16. – 18. Juli		Die französische Polizei nimmt 13 000 »staatenlose« Juden in Paris fest. 9 000 von ihnen – einschließlich 4 000 Kinder – werden nach Auschwitz deportiert.
19. Juli		Himmler ordnet an, dass die vollständige Ermordung der Juden in Polen spätestens Ende des Jahres abgeschlossen sein soll.
30. Juli		Die jüdischen Gemeinden in Deutschland müssen ihre Kultgegenstände aus Edelmetall abliefern.
22. Juli – 12. Sept.		Massendeportationen aus dem Warschauer Ghetto in das Tötungslager Treblinka.
9. Okt.		Deutsche Juden dürfen in »arischen« Buchhandlungen nicht mehr kaufen.
26. Nov.		Norwegische Juden werden nach Auschwitz deportiert.
17. Dez.		Die Alliierten erklären, dass jeder, der sich an der Ermordung von Juden beteiligt, nach dem Kriege strafrechtlich verfolgt werden soll.

Wannsee-Konferenz am 20. Januar 1942

Unter dem Vorsitz des Chefs des »Reichssicherheitshauptamtes«, Reinhard Heydrich, tagen am 20. Januar 1942 in einer Villa am Berliner Wannsee 15 Spitzenvertreter von Polizei, SS, Reichsministerien und Obersten Besatzungsbehörden. Ihr Thema: der bereits beschlossene und eingeleitete Holocaust, den sie »Endlösung der Judenfrage« nennen. In besetzten Gebieten der Sowjetunion hat man schon mindestens 500 000 Menschen ermordet, auch Gas wird schon zum Morden genutzt und Anlagen der Tötungslager befinden sich im Bau. In dieser Besprechung zwischen den Planern der Massenmorde und ganz normalen Spitzenbeamten der wichtigsten Ministerien geht es um den intensiven Informationsaustausch und die organisatorische Abstimmung des Völkermordes. – Kein einziger der Gesprächsteilnehmer erhebt Einwände gegen den beispiellosen Mordplan.

Am 31.3.42 werden aus dem Bezirk der Staatspolizeistelle Hannover 1 000 Juden nach dem Osten evakuiert. Aus dem ehemaligen Bezirk der Staatspolizeistelle Bielefeld (Reg.-Bez. Minden und die Länder Lippe und Schaumburg-Lippe) sind für den Abtransport 325 Juden zu stellen. Die zu stellenden Juden aus den einzelnen Kreispolizeileitbezirken sind in dem beigefügten Verzeichnis aufgeführt. Die Kreispolizeibehörden haben Folgendes zu veranlassen:

1. Die zur Abschiebung bestimmten Juden sind am 30.3.42 in ihren Wohnungen abzuholen und am gleichen Tage bis spätestens 12.00 Uhr nach Bielefeld zum Kyffhäuser (Am Kesselbrink), Großer Saal, zu überführen. Die begleitenden Exekutivbeamten haben die Überführung in Zivilkleidung vorzunehmen. Die Transporte sind möglichst mit der Eisenbahn durchzuführen.

2. Vor dem Verlassen der Wohnungen der Juden hat ein Beamter das vorhandene Bargeld, Wertgegenstände (Schmuckstücke, Gold- und Silbersachen, auch goldene Uhren) – außer den Eheringen – einzuziehen. In der Wohnung des betreffenden Juden ist dann eine der beigefügten Quittungen von einem Beamten auszustellen, die von zwei Beamten und dem betreffenden Juden, bei dem die Sicherstellung erfolgte, zu unterschreiben ist. Das Bargeld und die Wertsachen sind mit der Quittung in einem Umschlag zu versiegeln und im Auffanglager in Bielefeld (Kyffhäuser) dem aufsichtsführenden Stapobeamten (KOS. Pützer) abzugeben.

3. Vor dem Verlassen der Judenwohnungen ist darauf zu achten, dass das Gas und Wasser abgestellt und das Licht ausgeschaltet ist (Verdunkelung!). Lebendes Inventar ist von dort aus unterzubringen. Kosten dürfen nicht entstehen.

4. Unmittelbar nach dem Verlassen der Wohnungen sind die Judenwohnungen zu versiegeln. Hierfür sind Siegelmarken zu verwenden. Die Schlüssel der Wohnungen sind von der OPB einzuziehen und auf dem Amt zu hinterlegen. Sie sind zusammenzubinden und mit einem Zettel, auf dem der Name und die Wohnung des Juden aufgeführt sind, zu versehen. [...]

5. Bei der Einlieferung im Auffanglager dürfen die Juden nur im Besitze ihrer Kennkarte sein. Alle anderen Papiere sind in der Wohnung zurückzulassen. Lebensmittelkarten sind einzuziehen und an das zuständige Wirtschaftsamt abzuführen. Arbeitsbücher und Invalidenkarten sind ebenfalls einzuziehen und an das zuständige Arbeitsamt bzw. an die Invalidenversicherungsanstalt abzuführen.

6. Die für die Evakuierung vorgesehenen Juden sind angewiesen, 25 kg Gepäck mitzunehmen. Außerdem darf für 2 Tage Verpflegung mitgenommen werden. Die Ortspolizeibehörden haben bereits am 28.3.42 das Gepäck von den Juden einzuziehen und bis zur Abfahrt aufzubewahren. Es ist vor dem Abtransport nachzuwiegen und genauestens zu durchsuchen. Das Gepäck darf keine Waffen (Schusswaffen, Sprengstoffe, Messer, Scheren, Gifte, Medikamente usw.) enthalten. Ist das Gepäck schwerer als 25 kg, ist es entsprechend zu verringern. Es ist den Juden auch zu gestatten, dass sie sich bis zu zwei Schlafdecken, die aber in dem Gewicht von 25 kg enthalten sein müssen, mitnehmen dürfen. [...]

Deportation

Die Deportationen von Millionen jüdischer Europäer bildeten eine organisatorische Voraussetzung für den Holocaust. Aus mehreren Gründen hatten die Nationalsozialisten beschlossen, dass viele Juden nicht in ihren Heimatgebieten ermordet werden sollten, sondern in eigens errichteten Tötungslagern in Polen. Vor allem war es Hitler und den anderen NS-Führern klar, dass die Morde in gewisser Heimlichkeit durchgeführt werden müssten. So konnte man die Juden in West-, Mittel- und Südeuropa nicht in ihren Heimatländern ermorden, weil die deutschen Besatzer auf Zusammenarbeit mit der dortigen Zivilbevölkerung angewiesen waren. In Teilen Polens, in der Sowjetunion und den baltischen Ländern dagegen wurden viele Juden öffentlich und in der Nähe ihrer Wohnstätten massenhaft erschossen. Auch hier aber erschien es den Verwaltern des Völkermordes bald praktischer, die Opfer in Tötungslager zu deportieren: Der Massenmord in den Lagern war industrieller, schneller und unpersönlicher als das direkte Erschießen, das die mordenden Polizisten und SS-Angehörigen stärker belasten konnte.

Das gut ausgebaute europäische Eisenbahnnetz machte es möglich, Transporte aus allen Ecken Europas nach Polen durchzuführen. Wenn man die Mehrzahl der über eine Million Juden, die allein nach Auschwitz-Birkenau transportiert wurden, dort nicht ermordet hätte, dann wäre dieser kleine Ort eine der größten Städte Europas geworden.

»Umschlagplatz«

In oder neben einigen Ghettos gab es einen »Umschlagplatz«, meist ein Marktplatz oder eine größere freie Fläche. In kleineren Ghettos nutzte man den Platz für »Selektionen«, bei denen entschieden wurde, welche Menschen zur Ermordung fortgeschafft werden sollten und welche weiterhin für Sklavenarbeit »nutzbar« schienen. In den größeren Ghettos lag dieser Platz oft an Eisenbahnlinien. Um Deportationen aus Warschau zu erleichtern, wurde sogar extra ein Eisenbahn-

Nebenstehend *Richtlinien für die Deportation*[21], die von der Gestapo aufgestellt und den einzelnen Staatspolizeistellen im Reich übermittelt wurden. Den Opfern blieben oft nur wenige Stunden, um ihre Habseligkeiten zusammenzupacken. Viele begingen in dieser Zeit Selbstmord, um der Deportation zu entgehen.

Unter Bewachung von Polizisten und erkennbar öffentlich findet am 25. April 1942 diese Deportation von 995 jüdischen Einwohnern Würzburgs »nach Osten« statt. Sie müssen Wohnungen und Eigentum aufgeben und dürfen nur das »Notwendigste« mitnehmen. Teile des Gepäcks müssen sie bereits auf dem Würzburger Bahnhof abliefern. Diese Menschen werden in die Durchgangslager Trawniki und Izbica gebracht und von dort weiter in das Tötungslager Belzec.

Frauen und Kinder im Januar 1943 auf dem Umschlagplatz in Warschau, wartend auf die Deportation ins Tötungslager Treblinka.

gleis zum Umschlagplatz des Ghettos gelegt.

Die Massendeportationen aus dem Warschauer Ghetto nach Treblinka begannen am 23. Juli 1942. Jeden Tag trieb man im Ghetto tausende Juden zusammen, eine Aufgabe, die der jüdische »Ordnungsdienst« zusammen mit der SS und deren ukrainischen, lettischen und litauischen Hilfstruppen ausführen musste. Die täglich zu erfüllende Anzahl lag bei 6000 bis 7000 Menschen. Es gab Razzien und ganze Häuser und Straßenzüge wurden deportiert. Andere Opfer wurden zum Umschlagplatz gelockt, indem man ihnen versprach, sie würden dort Brot bekommen.

Am 5. oder 6. August 1942 wird der Arzt und Pädagoge Janusz Korczak zusammen mit 200 elternlosen Kindern aus seinem Kinderheim im Ghetto nach Treblinka deportiert. Korczak hat das Angebot, sich selbst durch Übertritt auf die »arische« Seite zu retten, abgelehnt. Er geht an der Spitze der Kolonne mit einem Kind auf dem Arm und einem Kind an der Hand durch das gesamte Ghetto zum Umschlagplatz.

Auf dem Umschlagplatz mussten die Menschen mitunter mehrere Tage warten, bis leere Güterwagen zur Verfügung standen. Es gibt viele erhaltene Zeugenaussagen über die fürchterlichen Zustände in diesem Warteraum des Todes. Bis Mitte September 1942 wurden allein von diesem Platz am Warschauer Ghetto mehr als 260 000 Menschen in die Tötungslager deportiert. Die letzten Transporte nach Treblinka und in andere Lager fanden im Zusammenhang mit dem Ghettoaufstand im April und Mai 1943 statt. – Danach gab es in Warschau keine jüdische Bevölkerung mehr.

Ein Platz voller Blut und Tränen

Halina Birenbaum hat den Holocaust überlebt. Sie gibt uns eine Augenzeugenschilderung vom Umschlagplatz:

»Wir wurden zum Umschlagplatz geführt. Zu diesem hundertmal verfluchten Platz, der mit Blut und Tränen getränkt war und erfüllt vom Kreischen der Lokomotiven, die hunderttausende Juden von hier aus zur Endstation ihres Lebens brachten.

Die verzweifelte und bis zum Äußersten erregte Menge drängte sich auf dem weiten Platz. Die Grenze des Platzes bildete ein großes Gebäude, das vor dem Krieg eine Schule beherbergt hatte. Die hierher getriebenen Menschen waren zum größten Teil Arbeiter aus den Baracken und von auswärtigen Arbeitsplätzen auf der arischen Seite, alle Inhaber von Ausweisen, die bis vor kurzem noch das ›Lebensrecht‹ garantiert hatten. Als sie heute zur gleichen Zeit, wie immer unter SS-Bewachung, in ihre Wohnungen zurückkehrten, aus denen schon vorher ihre Angehörigen und ihr Hab und Gut verschleppt worden waren, gerieten sie in die Falle. Eine hohe Mauer und eine lebende Sperre von Polizisten und Nazis, die nicht einmal so zahlreich, dafür aber bis an die Zähne bewaffnet waren, trennten uns vom Ghetto und seinen Schlupfwinkeln. Dort waren mein ältester Bruder und meine Tante mit ihrer Tochter zurückgeblieben, sie hatten heute nicht mit uns hinaus auf die Straße gehen wollen. Angespannt warteten wir, was geschehen würde, und hielten Ausschau nach einem möglichen Fluchtweg. Mein Vater drückte uns an sich und küsste meine Mutter, meinen Bruder und mich. Er hielt uns krampfhaft mit der Hand fest und ließ uns keinen Schritt von ihm weichen, vor allem meine Mutter nicht, die sich unentwegt hin- und herwand, weil sie versuchen wollte, uns irgendwie aus diesem Gedränge herauszuschaffen und ins Innere des Schulgebäudes zu schmuggeln, wo die Ambulanz und ein Posten der jüdischen Polizei untergebracht waren. Dort wollte sie uns verstecken und auf keinen Fall zulassen, dass wir in die Wagons getrieben würden. Mein Vater war so aufgeregt und bestürzt, dass er an Rettung nicht einmal denken konnte. Er war nur noch dazu im Stande, den Nazis seinen Passierschein vorzuweisen; bis zum letzten Moment glaubte er daran, dass dieser Schein uns allen die Rettung bringen würde. Er hatte Angst. Er meinte, dass Ungehorsam gegenüber den SS-Leuten unseren Untergang nur beschleunigen würde. Meine Mutter war anders. Deshalb hielt ich mich immer an sie, fest davon überzeugt, dass sie einen Ausweg aus jeder schlimmen Situation finden würde. In der Gegenwart meines Vaters empfand ich genau das Gegenteil. Und hier auf dem Umschlagplatz erging es mir ebenso.

Um diese Zeit standen nie Wagons bereit. Wir glaubten, die ganze Nacht dort zubringen zu müssen, bis in der Frühe ein Zug eintreffen würde. Das bot gewisse Chancen zur Flucht, zur Rückkehr ins Ghetto, auf unseren Dachboden ...

Plötzlich bemerkten wir, dass sich die Nazis mitten auf dem Platz vor uns aufgestellt hatten und Maschi-

Die Fotografie zeigt einen Teil des Umschlagplatzes in Warschau. Die Menschen auf dem Bild, Männer links, Frauen und Kinder rechts, warten auf die Deportation nach Treblinka. Das Gebäude links diente als Kranken- und Wartehalle für jene, die in Tötungslager gebracht werden sollten. Das Gebäude rechts war das Hauptquartier der Gestapo am Umschlagplatz. – Beide Gebäude existieren auch heute noch.

nengewehre auf diese riesige, dicht zusammengedrängte Menschenmenge gerichtet hielten, die mit einem schreckerfüllten Raunen darauf reagierte. Allen war klar, was das zu bedeuten hatte, doch keiner wagte aufzuschreien oder in lautes Weinen auszubrechen. Wieder herrschte diese unruhige, spannungsgeladene Stille. Wir umarmten uns; meine Eltern, Chilek und ich sahen uns an, als sollte es das allerletzte Mal sein; jeder wollte das Bild derer, die ihm am nächsten waren, mit in die völlige Finsternis nehmen. Alles andere, alles, was wir bisher erlebt und um das wir gekämpft hatten, war nicht mehr wichtig. Während mein Vater nur halb bei Besinnung war, wirkte meine Mutter ruhig wie immer. Sie lächelte mich sogar an. ›Hab' keine Angst!‹, flüsterte sie mir zu. ›man stirbt nur einmal‹... und wir sterben jetzt alle miteinander, hab keine Angst, es wird nicht so schlimm!‹«[22]

»Die Berliner Polizei nahm die Olympischen Spiele zum Vorwand, um im Mai 1936 hunderte Zigeuner festzunehmen und ganze Familien mit Wagen, Pferden und anderem Besitz in das so genannte Lager Marzahn zu bringen, wo auf der einen Seite eine Müllkippe und auf der anderen ein Friedhof lag. Bald darauf umzäunte man den Platz mit Stacheldraht. Damit wurde in einem Berliner Vorort ein KZ für Zigeuner errichtet. Von Marzahn und von ähnlichen ›Rastplätzen‹ in anderen deutschen Städten wurden später tausende Zigeuner in die Vernichtungslager im Osten gebracht.«[23]

SAUL FRIEDLÄNDER, ÜBERLEBENDER UND HISTORIKER DES HOLOCAUST[23]

Die Deportation von Sinti und Roma

Die Verfolgung der Sinti und Roma war ideologisch begründet: SS-Chef Himmler vertrat die Vorstellung, dass es »reinrassige« Zigeuner gäbe, die als »arische Cousins« zu verschonen wären. Sie sollten identifiziert und in Reservaten zusammengefasst werden. Aufgabe der »Rasseforscher« war es zunächst, zu entscheiden, wer so viel »rassevermischtes Zigeunerblut« habe, dass er nicht als »Arier« anerkannt werden könne. Es zeigte sich, dass das nach Ansicht dieser »Wissenschaftler« bei den meisten der Fall war. Für sie begannen die Mühlen der deutschen Bürokratie zu mahlen: Fast ausnahmslos bedeutete das Deportationen, zunächst in jüdische Ghettos und dann in Tötungslager. Die so genannten medizinischen Experimente in Auschwitz fanden nicht nur an jüdischen, sondern auch an Sinti- und Romakindern statt. Allein hier wurden mehr als 20 000 Sinti und Roma ermordet.

In Osteuropa war es während des Krieges nicht unüblich, dass Gruppen von »Zigeunern« in Wäldern oder an den Dorfrändern erschossen wurden, oft von einheimischen Faschisten. In Kroatien überlebten so beispielsweise nur ganz wenige. Wie viele Sinti und Roma von

Eva Justin – eine Expertin für die »Zigeunerplage«

Eva Justin ist Assistentin von Robert Ritter, dem wichtigsten medizinischen »Experten« des Dritten Reiches für die »Zigeunerplage«. Ritter ist anfangs Kinderpsychologe gewesen und hat sich später auf »Kriminalbiologie« spezialisiert, die von der Vorstellung ausgeht, dass das Erbgut den Grundstein lege für abweichendes oder kriminelles Verhalten. Ritter erklärt, dass die »Zigeuner« ursprünglich »rassereine Arier« gewesen seien, die ihre »guten Eigenschaften« aber während ihrer Wanderschaft durch »Rassenmischung« mit verschiedenen »minderwertigen« Völkern verloren hätten. Das habe zu einem vererbten kriminellen und asozialen Verhalten geführt. Als Assistentin betreibt Justin eigene »Forschungen«. Unter anderem werden 39 elternlose »Zigeunerkinder« in einem katholischen Kinderheim gehalten, damit Justin ihre Doktorarbeit beenden kann. Als sie fertig ist, werden die Kinder im Mai 1944 ins Tötungslager Auschwitz-Birkenau deportiert und dort in das so genannte »Zigeunerlager« eingewiesen. Die meisten von ihnen ermordet man zusammen mit 2900 anderen »Zigeunern« in der Nacht zum 3. August 1944 in den Gaskammern.

Im Wagon

Die Zeichnungen hier und auf Seite 52 stammen von Ella Liebermann-Shiber. Sie wird in Berlin geboren, ist 17 Monate lang Gefangene in Auschwitz-Birkenau und wird – 17-jährig – im Mai 1945 befreit. In 93 Zeichnungen gibt sie wieder, was sie erleben musste.

Deutschen und deren Helfern in den einzelnen Ländern insgesamt ermordet wurden, ist bis heute noch nicht geklärt. Das liegt an unzureichender Forschung, fehlenden Quellen und an der Unsicherheit, wie viele Sinti und Roma vor dem Krieg eigentlich in diesen Ländern lebten: Die Mindestzahl der Ermordeten wird auf 200 000 geschätzt, aber viele Forscher sind der Ansicht, dass es rund 600 000 Opfer gegeben hat. Vermutlich sind zwischen einem Zehntel und der Hälfte aller europäischen Sinti und Roma während des Krieges ermordet worden. Viele der Überlebenden haben weder von Deutschland noch von anderen Staaten je eine Entschädigung bekommen. Sinti und Roma bilden bis auf den heutigen Tag eine der am meisten diskriminierten Volksgruppen in Europa und sind weiterhin rassistischen Gewalttaten ausgesetzt.

»Der Ritter hat das auf der Straße gemacht, ganz locker, im freundlichen Stil. Da kam man nacheinander dran, hat sich auf den Stuhl gesetzt. Dann hat er die Augen der Kinder verglichen, uns alle ausgefragt, und die Justin hat immer alles aufgeschrieben. Dann hieß es Mund auf, da hat er so ein Instrument gehabt, damit hat er den ganzen Rachen ausgemessen, die Nasenlöcher, die Nase, die Nasenwurzel, die Augenweite, die Augenbrauen, die Ohren innen und außen, das Genick, den Hals, die Hände [...]. Alles, was überhaupt zu messen war.«

EINER DER ÜBERLEBENDEN DEUTSCHEN »ZIGEUNER«, JOSEF REINHARDT, BERICHTET ÜBER DIE UNTERSUCHUNGEN DER »RASSEBIOLOGEN«.[24]

Unter den Todgeweihten

Der jüdische »Polizist« Calel Perechodnik wurde gezwungen, seine Frau und Tochter in den Zug ins Tötungslager zu setzen. Er schrieb:
»Du befindest dich im vierten Wagon hinter der Lokomotive, in dem fast nur Frauen und Kinder untergebracht sind. Im ganzen Wagon finden sich zwei Männer – sollen das eure Beschützer sein? Mit angezogenen Beinen sitzt du auf den Brettern und hältst Aluska auf dem Arm. Schläft das Kind schon zu später Stunde? Oder bekommt es keine Luft mehr in dieser schwülen Augustnacht? [...]
Mitten in der Menge der Verurteilten sitzt du allein. Vielleicht ist es dir ein Trost, dass dieses Los nicht nur dich trifft, sondern alle anderen um dich herum? Nein, daran denkst du nicht. Du sitzt da und kannst eine Sache nicht begreifen. Wie ist das bloß möglich? Dein Calinka, der dich zehn Jahre geliebt hat, der dir treu war, der alle deine Gedanken und Wünsche erriet und sie so gern erfüllte, jetzt hat er dich verraten und es zugelassen, dass du den Wagon bestiegst, während er zurückblieb. [...]
Ich weiß, du ballst die Fäuste und beginnst Aluska zu hassen. Das ist doch sein Kind, warum soll ich es hier haben? Schon stehst du auf, schon willst du die Kleine aus dem Fenster werfen.
Anka, Anka, tue es, wirf das Kind heraus, deine Hand soll dabei nicht erzittern! Vielleicht fällt das Kind unter die Räder des rasenden Zuges, der es zermalmt. Vielleicht gibt es wirklich einen Gott auf dieser Welt oder gütige Engel, die einen unsichtbaren Teppich ausbreiten, damit ihr nichts passiert. Sie überwältigen die Schwerkraft der Erde, die newtonschen Gesetze während des Falls und unsere Aluska fällt leicht zu Boden. Sie schläft abseits der Schienen ein und am Morgen findet sie ein guter Christ. Eingenommen von ihrem engelhaften Aussehen, hebt er sie vom Boden auf, drückt sie an sich, nimmt sie mit nach Hause und behält sie als seine Tochter.
Tue es, Anka, tue es, zögere keine Sekunde!«[25]

Separationen

Am 12. Juli 1942 schreibt Hertha Josias aus Hamburg einen Brief an ihre 17-jährige Tochter Hannelore, die zusammen mit ihrer Schwester Ingelin Zuflucht in Mellerud in Schweden gefunden hat. Hertha Josias weiß, dass sie deportiert werden soll, aber nicht wohin. Sie schreibt:
»Nun bitte ich dich, meine liebe Hannele, dass du dich gut um Ingelin kümmerst. Du musst nun ihre Mutter und ihr Vater sein. Sei lieb zu ihr und versprich, dass du immer für sie da bist. Haltet zusammen und sieh stets nach ihr. Ich verlasse mich nun ganz auf dich, meine große Tochter. Wir werden jetzt vorerst nichts voneinander hören, aber sobald ich Gelegenheit habe, werde ich schreiben.«[26]

Im plombierten Güterwagon
mit Bleistift geschrieben

»Hier in diesem Wagen
bin ich, Eva,
mit meinem Sohn Abel.
Wenn jemand sieht meinen
ältesten Jungen
Kain, Adams Sohn,
soll er ihm sagen, dass ich ...«

DAN PAGIS[26]

Hertha Josias beendet den Brief mit dem Wunsch, dass Gott auf die Töchter achten und dass sie ihre Mutter nicht vergessen mögen. – Solche Briefe haben todgeweihte Menschen verfasst, die wussten, dass sie gewaltsam sterben würden. Es sind viele derartige Briefe erhalten. Sie spiegeln die Lebenswirklichkeit, in der jüdische und »Zigeuner«-Familien während der NS-Zeit lebten: Eltern wurden von ihren Kindern getrennt, Kinder von ihren Eltern.
Die Täter, die die Familien auseinander rissen, waren oft selbst Eltern. Das scheint sie aber nicht beeinflusst zu haben. Die Ärzte in Auschwitz gingen nach ihrem »Arbeitstag« nach Hause zu ihren Frauen und Kindern, die in der Nähe des Lagers wohnten. Sie hatten vielleicht gerade vorher 1 000 Kinder und Mütter in den Tod geschickt. Wie war es ihnen möglich, Monat für Monat so etwas zu tun und gleichzeitig von ihren Kindern und Frauen als lieber Papa und guter Ehemann empfunden zu werden? – Viele Fragen beim Thema Holocaust lassen sich nicht beantworten, aber man muss sie stellen.
Hermann Friedrich Gräbe, ein deutscher Ingenieur, wurde später gefragt, warum er während des Krieges Juden gerettet habe. Er

Abschied

Die Züge mit den Deportierten rollen ständig. Therese Müller, die Auschwitz überlebt hat, berichtet:

»Das Licht dringt zu uns durch das kleine, vergitterte Fenster. Wir sehen die Bäume und die hügelige Landschaft vorbeisausen. Was wollen die Bäume da draußen mitteilen? Was sagt das Donnern und Kreischen der Eisenbahnschienen, wenn der Zug in neue Bahnen schwenkt? Auch jetzt sehe ich die Einzelnen nicht. Ich sehe alle in einem einzigen Nebel. Alle warten oder schlafen. Es ist ganz still. Diese Menschen sind meine Familie. Wir fühlen den Beistand füreinander. Aber zugleich weiß ich, dass das auch ein Abschied ist. Ich bin mir sicher, dass viele von uns untergehen werden. Wir versuchen, alles zu nehmen, wie es ist. Es ist Morgengrauen. Meine Mutter hält mich an der Hand. Ihr Abschied.«[28]

könne nicht erklären, warum und weshalb, antwortete er. Aber er wisse, dass seine Mutter, die aus einfachen Verhältnissen stamme, ihm viel bedeutet habe. Als Junge hätten er und einige Kameraden einmal eine alte jüdische Frau geschlagen. Gräbe: »Meine Mama sagte zu mir: ›So etwas darfst du niemals tun. Warum tatest du es?‹ Und ich antwortete selbstverständlich: ›Weil es alle anderen auch taten.‹ Da sagte sie streng: ›Du bist nicht alle anderen. Du bist mein Sohn. So etwas tust du nie wieder. Wenn du so etwas wieder tust, wirst du es mit mir zu tun bekommen, und dann wirst du sehen, wie das ist. Möchtest du an ihrer Stelle sein?‹ - ›Nein‹, sagte ich. ›Warum tatest du es dann? Nun, mach es nie wieder. Die Frau hat auch Gefühle, sie hat ein Herz genau wie du und ich. Mach es nicht wieder.‹ – Auf diese Weise beeinflusste meine Mama mich. Sie sagte: ›Beurteile niemanden danach, was er für einen Beruf oder eine Religion hat, sondern danach, wie er als Mensch ist.‹«[27] – Dass die ganze Antwort in der Erziehung liegt, ist wohl zu viel gesagt, aber es ist ein zu wichtiger Punkt, um ihn nicht ernsthaft in Betracht zu ziehen. Und jede Generation lernt die Regeln des Zusammenlebens immer wieder neu. Gesellschaften, die nicht vermitteln, Menschlichkeit zu schätzen, die Würde des anderen zu achten und mit Unterschieden zu leben, verlieren am Ende jeden Maßstab.

»Sie erwarten das Schlimmste - sie erwarten nicht das Unfassbare.«

CHARLOTTE DELBO[30]

Ein Junge nimmt im September 1942 Abschied von seiner Familie im Ghetto von Lodz. Die deutsche Verwaltung will die Bevölkerung im Ghetto verringern. Nur die »Produktiven« sollen zurückbleiben. Deshalb werden zwischen dem 5. und 12. September 1942 mehr als 15 000 Kranke, Alte über 65 Jahre und Kinder unter 10 Jahre aus dem Ghetto ins Tötungslager Chelmno, etwa 70 Kilometer nordwestlich von Lodz, deportiert. Dort ermordet man sie mit Abgasen in extra hergerichteten Möbelwagen. Die Wagen fahren zu einer Lichtung in einem nahe gelegenen Wald, wo die Körper verbrannt werden.

Deportation mit dem Dampfschiff »Donau«

Früh am Morgen des 26. November 1942 bringt man 532 norwegische Juden an Bord des deutschen Dampfschiffes »Donau«, das am selben Tag den Hafen von Oslo verlässt. Die Gruppe kommt am 1. Dezember über den Hafen Stettin in das Konzentrationslager Auschwitz. Alle Alten, Frauen und Kinder werden unmittelbar darauf im so genannten Bunker 2 in Birkenau mit Gas ermordet, während man die Männer zur Sklavenarbeit zwingt. Die deutschen Besatzer und ihre norwegischen Helfer geben zu keinem Zeitpunkt ihre Suche nach Juden auf. Bis 1944 werden insgesamt 770 norwegische Juden nach Auschwitz deportiert. Nur 24 von ihnen überleben – keine Rettungsaktion erfasst sie. Auf eigene Faust schlagen sie sich nach der Befreiung nach Norwegen durch.

Alles wurde uns weggenommen, alles

Der norwegische Jude Herman Sachnowitz überlebte den Holocaust und schilderte den Schock der Deportation von Oslo:

»Gegen Mittag kamen wir nach Oslo. Trübes Wetter – trostlos.

Die Deutschen gaben Fliegeralarm; aber nicht, weil ein Angriff drohte: Die norwegischen Zivilisten sollten von der Straße vertrieben werden. Sie waren als Zeugen nicht erwünscht. Dennoch standen Leute an der Sperre zum Kai, wo sonst die Passagierschiffe der Amerika-Linie anlegten. Norwegische Freunde. Ich sah sie aus einem Fenster des Krankenwagens. Ich sah noch mehr. Nur einige Meter von uns entfernt lag ein grau-schwarzes Schiff vor Anker. Es war die ›Donau‹ aus Bremen, das Sklavenschiff. Vor den Eisenbahnwagen schrie eine verzweifelte Männerstimme etwas von Frauen und Kindern. Demnach hatte man auch die Frauen verhaftet. Professor Epstein brach vollständig zusammen und weinte bittere Tränen. Alle brachen zusammen, auch ich.

Die norwegischen Hirdleute, die uns bewacht hatten, sahen wir nicht mehr. Sie waren abgelöst worden von SS-Soldaten. In Scharen waren sie da. Unter dem hysterischen Gebrüll ihrer Offiziere trieben sie uns aus den Wagen den Kai entlang zu den Fallreepen, die auf das Schiffsdeck führten. Wir Kranken kamen als Letzte und konnten alles sehen: Frauen, Kinder und Männer in einem aussichtslosen Kampf gegen eine brutale und kaltblütige Übermacht, gegen einen

lebendigen Eisenring, der sich immer enger um die Unglücklichen legte. Uns, die wir in einem Land aufgewachsen waren, wo Menschlichkeit das erste und wichtigste Gebot war, schien dieser Anblick schlimmer als ein Albtraum. Dies war der erste große Schock und niemand glaubte, es könnte noch schlimmer werden. Über sechshundert Menschen, die im festen Glauben an den Rechtsstaat gelebt hatten, wurden mit einem Schlag ihrer Freiheit, ihres Vaterlandes und – das Schlimmste von allem – ihrer Menschenwürde beraubt. Sie wurden gestoßen, man versetzte ihnen Fußtritte und Schläge. Sie flehten und bettelten, nicht an Bord gehen zu müssen, denn sie wussten, was das bedeutete. Sie warfen sich auf dem Kai nieder, rauften sich aus Verzweiflung die Haare und baten um Gnade für sich und ihre Angehörigen, doch niemand hörte sie. Eisenbeschlagene Stiefel und Gummiknüppel trafen ihren Kopf und Bauch. Mütter mit Säuglingen auf ihrem Arm, schwangere Frauen wurden gestoßen und geschlagen. Kleider wurden zerfetzt, heruntergerissen, sodass die Unterwäsche oder der nackte Körper zu sehen war. Kleinkinder wurden umgestoßen. Und mitten in all diesem Elend – ich sehe es immer noch vor mir – stieg eine schweigende Schar schwächlicher alter Frauen und Männer langsam und gesenkten Hauptes das Fallreep hoch, einem Schicksal entgegen, das ihnen unausweichlich zu sein schien. Sie wussten mehr als wir Jungen. Sie kannten die Geschichte unseres Volkes. Sie hatten mit dem Leben abgeschlossen.«[31]

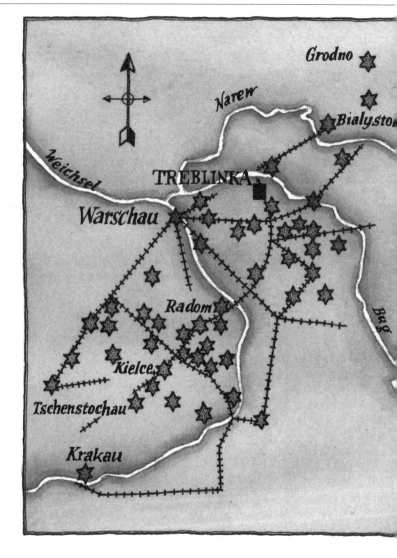

TRANSPORTE
INS TÖTUNGSLAGER
TREBLINKA

✡ Ghettos, aus denen Juden nach Treblinka deportiert wurden
⊹⊹⊹ Eisenbahnlinien

Die Wege der »Sonderzüge«

Das europäische Eisenbahnnetz spielte eine entscheidende Rolle bei der Durchführung des Völkermordes. Mehrere Millionen Menschen wurden in so genannten »Sonderzügen« in Personen- oder Güterwagen durch ganz Europa in die Ghettos, zu den Hinrichtungsstätten, in die Sammel- und Tötungslager gebracht. Der Völkermord war den Nationalsozialisten so wichtig, dass sie selbst militärische Bedürfnisse zurückstellten. Die SS mietete die Züge und zwang die Juden in der Regel sogar, die Fahrkarte zu den Lagern zu bezahlen: Die Ermordung sollte nichts kosten.

Die Karte zeigt die Eisenbahnlinien, die bei den Deportationen in Polen nach Treblinka benutzt wurden. Unten ist ein Ausschnitt aus dem Fahrplan für einen dieser »Sonderzüge«. Er verließ Szydloviec am 25. September 1942 »als Vollzug« (800 Tonnen) und kam am nächsten Tag um 11.24 Uhr in Treblinka an. Von dort fuhr er »als Leerzug« (600 Tonnen) zurück nach Kozienice, wo er kurz nach Mitternacht eintraf. – Voll beladen nach Treblinka, leer zurück. Tag für Tag, Monat für Monat, von Juli 1942 bis August 1943.

```
5.) P Kr.9232 (30.9)  von Szydlowiec nach
    Szydlowiec              (3.08)/21.30  im
    Radom                   22.49/ 0.13    "
    Deblin Obf              2.00/ 3.10     "
    Lukow                   5.17/ 6.08     "
    Siedlce                 6.58/ 8.34     "
    Treblinka              11.24/(15.59)

6.) Rückleitung des Leerzuges:
    Lp Kr. 9233 (30.11)  von Treblinka nach
    Treblinka              (11.24)/15.59  im
    Siedlce                17.56/18.42    "
    Lukow                  19.36/20.37    "
    Deblin Obf             22.34/23.36    "
    Bakowiec                0.00/ 0.05   in
                            0.35
```

Verbreitetes Wissen

Nicht nur in Deutschland selbst, auch im Ausland gab es verbreitete Kenntnisse um den Holocaust. Ein Dokument, das zeigt, wie bekannt der Ablauf des Völkermordes war, ist der folgende Bericht von Ivan Danielsson, dem schwedischen Gesandten in Budapest. Er richtete ihn am 24. Juni 1944 an das schwedische Außenministerium in Stockholm:
»[...] *Alle diese gefangenen jüdischen Personen, Männer und Frauen, Kinder und Alte, sollen in Viehwagen verfrachtet und teils nach Deutschland, teils in das polnische Generalgouvernement gebracht worden sein.*
[...]
In Budapest sind die Juden praktisch ihres gesamten Eigentums beraubt worden. Sie haben sich damit abfinden müssen, zu 8-10 Personen in einem einzigen Raum zu leben. [...]
Diejenigen, die das Glück haben, über ausreichend Arbeitskraft zu verfügen, kommen wohl in deutsche Industrieanlagen, wo sie die Aussicht haben, einigermaßen behandelt zu werden; die Übrigen dagegen, Kinder, schwache Frauen oder Alte, sollen, wie man hört, in das Vernichtungslager Auschwitz-Birkenau bei Kattowitz in Polen transportiert werden.«[32]

ZEITTAFEL

1943

18. Jan.	Ein erster Aufruhr im Warschauer Ghetto beginnt.
Februar	Untergang der 6. Armee der Deutschen Wehrmacht vor Stalingrad.
22. Febr.	Sophie und Hans Scholl, Mitglieder der Widerstandsgruppe »Weiße Rose« an der Münchener Universität, werden hingerichtet.
26. Febr.	Der erste Transport mit Sinti und Roma aus Deutschland erreicht Auschwitz. Sie werden in ein spezielles »Zigeunerlager« eingewiesen.
22. März – 25. Juni	Vier Krematorien mit Gaskammern werden in Auschwitz-Birkenau errichtet und in Gebrauch genommen.
19. – 30. April	Amerikanische und britische Vertreter treffen sich auf den Bermudas, um über die Rettung der europäischen Juden zu beraten, doch sie fassen keine konkreten Beschlüsse.
19. April – 16. Mai	Der Aufstand im Warschauer Ghetto wird niedergeschlagen und das Ghetto zerstört.
8. Juni	Ein Transport mit 3 000 Kindern und deren Müttern verlässt Holland Richtung Sobibor. Alle werden nach der Ankunft mit Gas ermordet.
1. – 2. Okt.	Dänen setzen die Rettungsaktion der Juden in ihrem Land in Gang.

1944

19. März	NS-Deutschland besetzt Ungarn und beginnt mit der Deportation der jüdischen Bevölkerung.
6. Juni	»D-Day«: Die Westalliierten landen in der Normandie.
20. Juli	Deutsche Offiziere versuchen vergeblich, Hitler und das Regime zu beseitigen.
Juli	Die Rote Armee befreit das Tötungslager Majdanek.
2. Aug.	Das »Zigeunerlager« in Auschwitz wird aufgelöst, in einer Nacht ermordet man 2 897 Zigeuner mit Gas.
November	Das Morden mit Zyklon-B in den Gaskammern wird eingestellt.

1945

17. – 18. Jan.	Die SS löst das Lager Auschwitz auf. Die Gefangenen werden gezwungen, auf so genannten »Todesmärschen« Richtung Deutschland zu gehen.
27. Januar	Die Rote Armee befreit Auschwitz.
11. April	Amerikanische Truppen befreien das KZ Buchenwald.
15. April	Britische Soldaten befreien das KZ Bergen-Belsen.
29. – 30. April	Die Rote Armee befreit das KZ Ravensbrück.
30. April	Hitler begeht Selbstmord.
7. – 8. Mai	Das Deutsche Reich kapituliert bedingungslos. Der Krieg in Europa ist beendet.

Der Völkermord beginnt

»Widmann, kann das Kriminaltechnische Institut große Mengen Gift herstellen?«
»Wofür? Um Menschen zu töten?«
»Nein.«
»Um Tiere zu töten?«
»Nein.«
»Wozu dann?«
»Um Tiere in Menschengestalt zu töten; das heißt die Geisteskranken, die man nicht mehr als Menschen bezeichnen kann und für die es keine Heilung gibt.«

DR. ALBERT WIDMANN, CHEF DER CHEMISCHEN ABTEILUNG DES KRIMINALTECHNISCHEN INSTITUTS IM REICHSKRIMINALAMT, IM GESPRÄCH MIT EINEM BEAMTEN DES REICHSKRIMINALAMTES UND DEM AMTSCHEF, SS-GRUPPENFÜHRER ARTHUR NEBE.[34]

Der Ermordung der europäischen Juden, Sinti und Roma ging der staatlich organisierte Massenmord an Behinderten, Entwicklungsgestörten und »Asozialen« in Deutschland voraus. Diese Maßnahme begann im Oktober 1939. Man benannte die NS-»Euthanasie« nach der Adresse der Berliner Zentrale in der Tiergartenstraße mit »Aktion T4«. Die Leitung lag in Hitlers Parteikanzlei. Ärzte erfassten die »lebensunwerten« Opfer in Kliniken in ganz Deutschland. In grauen Bussen mit übermalten Fenstern oder vorgezogenen Gardinen brachte man sie in ausgewählte »Euthanasie-Anstalten«, die teilweise mit Gaskammern und Verbrennungsöfen für das Mordprogramm ausgestattet waren. Die Ermordung fand meist durch Gas oder Spritzen statt. Angehörige informierte man über den Todesfall mit Standardbriefen: »Es ist unsere schmerzliche Pflicht, Ihnen mitzuteilen, dass ... hier ... an Lungenentzündung verstarb ... Die Ärzte haben vergebens versucht, den Patienten am Leben zu halten.« Die Körper der Opfer dienten oft als Studienmaterial in medizini-

Die Fotografie zeigt Busse, die vor der Eichbergklinik (Rheingau) auf Patienten warten, um sie in die »Euthanasie-Anstalt« Hadamar bei Limburg zu bringen, wo man sie umbringen und verbrennen wird.

schen Einrichtungen. Mindestens 120 000 Menschen starben bis 1945 im Programm des Behindertenmordes. Ende August 1941 wurde die »Aktion T4« offiziell eingestellt, nachdem es zu einzelnen Protesten von Seiten der Kirchen und aus Teilen der deutschen Bevölkerung gekommen war. Aber der Behindertenmord – vor allem an Kindern und Jugendlichen sowie in Konzentrationslagern – ging, jetzt nur stärker getarnt, bis zum Zusammenbruch der NS-Herrschaft weiter.

Im Herbst 1941 waren die Massenerschießungen der jüdischen Bevölkerung im Baltikum und in besetzten Teilen der Sowjetunion bereits zur Gewohnheit geworden. Die größte Einzelaktion dieser Art fand am 29. und 30. September 1941 statt, als eine so genannte »Einsatzgruppe« aus SS-Leuten, Gestapo-Angehörigen und gewöhnlichen Polizisten 33 371 jüdische Männer, Frauen und Kinder in Babi Jar außerhalb Kiews erschoss.

Die SS unter dem »Architekten« des Völkermordes Heinrich Himmler hatte die Verantwortung für die Durchführung des Holocaust erhalten. Im Oktober 1943 sprach Himmler in Posen gegenüber SS-Männern von der »Ausrottung des

»Öfter in der Woche kommen Autobusse mit einer größeren Anzahl solcher Opfer in Hadamar an. Schulkinder der Umgegend kennen diese Wagen und reden: ›Da kommt wieder die Mordkiste.‹ Nach der Ankunft der Wagen beobachten dann die Hadamarer Bürger den aus dem Schlot aufsteigenden Rauch und sind von dem ständigen Gedanken an die armen Opfer erschüttert, zumal wenn sie je nach der

*Windrichtung durch die widerlichen Düfte belästigt werden.
Die Wirkung der hier getätigten Grundsätze: Kinder, einander beschimpfend, tun Äußerungen: ›Du bist nicht recht gescheit, du kommst nach Hadamar in den Backofen‹.«*

AUS EINEM BRIEF DES KATHOLISCHEN BISCHOFS VON LIMBURG AN DEN REICHSJUSTIZMINISTER, 13. AUGUST 1941[35]

Rauch steigt aus dem Krematorium in Hadamar.

jüdischen Volkes« und lobte die »hohe Moral« von Organisation und Mannschaft bei der Ausführung ihres Auftrags: »Wir hatten das moralische Recht, wir hatten die Pflicht gegenüber unserem Volk, dieses Volk, das uns umbringen wollte, umzubringen. [...] Wir [haben] diese schwerste Aufgabe in Liebe zu unserem Volk erfüllt. Und wir haben keinen Schaden in unserem Inneren, in unserer Seele, in unserem Charakter daran genommen.« – Die Mörder seien trotz aller Schwierigkeiten »anständig« geblieben.[33]

In die Mitwirkung am Holocaust einbezogen waren zahlreiche normale deutsche Dienststellen. Heimische Verwaltungen und »zivile« Besatzungsbehörden organisierten die Erfassung, Sammlung und Beraubung der Opfer, die Reichsbahn transportierte sie, Polizisten wurden in Einsatzgruppen und Sonderbataillone für Erschießungen versetzt, die Wehrmacht leistete Hilfestellungen: Die Zahl dieser deutschen Täter wird auf mehrere hunderttausend geschätzt.

Eine deutsche Nachkriegslegende besagt, dass die Weigerung, in den Tötungslagern Befehle auszuführen oder an Massenerschießungen teilzunehmen, mit dem Tod bestraft worden sei. Kein einziger solcher Fall ist bis heute bekannt. Die wenigen Polizisten oder SS-Leute, die sich weigerten, wurden nur versetzt und vielleicht nicht befördert. Die meisten aber äußerten keine Bedenken, sondern machten mit. Sie waren ganz »normale Männer«. Die einen hielten Juden für »Ungeziefer« und verrichteten angeblich eine »heilige Handlung« für Führer und Vaterland. Andere machten – wenn sie überhaupt etwas empfanden – »mannhaft« diese so furchtbare »Arbeit« und ertränkten ihren Ekel und ihre Scham im Alkohol. Wenn man die Sache zudem einigermaßen diskret durchführte, konnte man auch wirtschaftlichen Nutzen aus all den Geldern und Besitztümern ziehen, die man den Opfern raubte.

Die Einsatzgruppen

Mit dem Angriff NS-Deutschlands auf die Sowjetunion am 22. Juni 1941 begann auch die systematische Ermordung der europäischen Juden. Es gab einen inneren Zusammenhang zwischen beiden Projekten. Im Kielwasser der Wehrmacht folgten vier mobile »Einsatzgruppen« dem Frontverlauf. Ihr Personal stammte aus dem Sicherheitsdienst (SD), der SS sowie der normalen deutschen Kriminal- und Ordnungspolizei. Es waren anfangs etwa 3 000 Männer. Ihr Auftrag lautete, hinter der Front, in Abstimmung mit der Wehrmacht und in ihrem Schutz, kommunistische Funktionäre und vor allem Juden zu erschießen. Auch Sinti und Roma sowie »bandenverdächtige« Einheimische wurden zusammengetrieben und ermordet. Die Einsatzgruppen führten über ihre Tätigkeit sorgfältig Buch und sandten regelmäßig Berichte nach Berlin.

Eines dieser Dokumente enthält eine siebenseitige Liste über alle Hinrichtungen, die ein Kommando der Einsatzgruppe A zwischen dem 4. Juli und 1. Dezember 1941 in Litauen durchführte. 137 346 Opfer waren es insgesamt: sowjetische und litauische Kommunisten, sowjetische Kriegsgefangene, »Geisteskranke«, Litauer, Polen, Sinti und Roma sowie »Partisanen«. Die weitaus größte Gruppe bildeten jedoch jüdische Männer, Frauen und Kinder.

Avraham Tory hat in seinem Tagebuch beschrieben, wie die Juden von Kaunas im Morgengrauen des 28. Oktober 1941 auf dem Weg zu einer großen »Selektion« sind, die auf dem Demokratu-Platz stattfinden soll. (Siehe Auszug auf Seite 91). Der SS-Bericht vom 29. Oktober 1941 stellt nur fest: »29.10.41 Kaunas ... 2 007 Juden, 2 920 Jüdinnen, 4 273 Judenkinder (Säuberung des Ghettos von überflüssigen Juden ((s.u.)): 9 200).«[36]

Insgesamt erschossen Einsatzgruppen, Polizeibataillone und andere Einheiten in den besetzten Gebieten Osteuropas und der Sowjetunion etwa zwei Millionen Menschen. Im Baltikum, Weißrussland und in der Ukraine erhielten sie dabei oft Unterstützung von örtlichen Milizen.

»Das Ausheben der Gruben nimmt den größten Teil der Zeit in Anspruch, während das Erschießen selbst sehr schnell geht (100 Mann 40 Minuten). [...] Anfangs waren meine Soldaten nicht beeindruckt. Am zweiten Tage jedoch machte sich schon bemerkbar, dass der eine oder andere nicht die Nerven besitzt, auf längere Zeit eine Erschießung durchzuführen. Mein persönlicher Eindruck ist, dass man während der Erschießung keine seelischen Hemmungen bekommt. Diese stellen sich jedoch ein, wenn man nach Tagen abends in Ruhe darüber nachdenkt.«

BERICHT VON OBERLEUTNANT WALTHER ÜBER EINE MASSENERSCHIESSUNG BEI BELGRAD AM 1. NOVEMBER 1941[38]

Im Baltikum

Die Karte stammt aus einem Bericht der Einsatzgruppe A, deren Hauptaktionsgebiet das Baltikum ist. Sie zeigt die Opferzahlen der »durchgeführten Judenexekutionen« und daneben das Symbol eines Sarges. Estland wird als »judenfrei« erklärt.

Avraham Tory lebt im Ghetto von Kaunas (Kowno) in Litauen. In seinem Tagebuch berichtet er über den Tag im Oktober 1941, an dem die Ghettobewohner zur »Selektion« gebracht werden. Wer darf weiterleben, wer muss sterben?

»Dienstagmorgen, 28. Oktober, es war regnerisch. Schwerer Nebel verdeckte den Himmel und das ganze Ghetto lag im Dunkeln. Feiner Raureif fiel vom Himmel und legte sich als dünne Schicht auf den Boden. Aus allen Richtungen kamen Gruppen von Männern, Frauen und Kindern, Alten und Kranken. Sie bewegten sich langsam mit schweren, ängstlichen Schritten und die Alten und Kranken stützten sich auf Verwandte und Nachbarn, Kleinkinder wurden von den Müttern getragen. Sie bewegten sich in langen Reihen. Alle hatten Wintermäntel an, Schals oder Tücher als Schutz gegen Kälte und Feuchtigkeit. [...]

Viele Familien hielten einander bei der Hand, als sie langsam voranschritten. Alle gingen in dieselbe Richtung – zum Demokratu-Platz. Es war eine Prozession von Trauernden, die über sich selbst trauerten. Ungefähr 30 000 gingen an diesem Morgen dem Unbekannten entgegen, einem Schicksal, das von den blutdürstigen Herrschern schon festgelegt worden war.

Es war totenstill während der Prozession dieser zehntausende von Menschen. Alle bewegten sich nur langsam voran, versunken in Gedanken, alle dachten an sich und die eigene Familie und ihr Schicksal. 30 000 einsame Menschen, vergessen von Gott und der Welt, der Willkür von Tyrannen ausgeliefert, deren Hände bereits das Blut von unzähligen Juden vergossen hatten.«[37]

»Die Exekution selbst dauerte 3–4 Stunden. Ich war die ganze Zeit an der Exekution beteiligt. Die einzigen Pausen, die ich machte, waren, wie mein Karabiner leer geschossen war und ich neu laden musste. Es ist mir dadurch nicht möglich zu sagen, wie viele Juden ich selbst während dieser 3–4 Stunden umgebracht habe, da während dieser Zeit ein anderer für mich weiterschoss. Wir haben während dieser Zeit ziemlich viel Schnaps getrunken, um unseren Arbeitseifer anzuregen.«

ALFRED METZNER, ALS DOLMETSCHER IN DER »ZIVILVERWALTUNG DES REICHSKOMMISSARIATS OSTLAND« TÄTIG, ÜBER JUDENERSCHIESSUNGEN IN SCHIROWITZ BEI SLONIM IM BALTIKUM[39]

Massenmord an Frauen und Kindern

Am 14. Oktober 1942 bringt man jüdische Frauen und Kinder aus dem Ghetto von Misocz in der Ukraine in eine Schlucht bei Rovno. Deutsche Polizisten und ukrainische Miliz erschießen sie hier.
Auf dem rechten Bild gibt ein Polizist Frauen und Kindern, die noch leben, den »Gnadenschuss«.
Genauso führt man am 5. Oktober 1942 in Dubno in der Ukraine Erschießungen durch. Der deutsche Bauingenieur Hermann Friedrich Gräbe gibt nach dem Krieg in Wiesbaden als Zeuge eine eidesstattliche Erklärung ab:

»Moennikes und ich gingen direkt zu den Gruben. Wir wurden nicht behindert. Jetzt hörte ich kurz nacheinander Gewehrschüsse hinter einem Erdhügel. Die von den Lastwagen abgestiegenen Menschen, Männer, Frauen und Kinder jeden Alters, mussten sich auf Anordnung eines SS-Mannes, der in der Hand eine Reit- oder Hundepeitsche hielt, ausziehen und ihre Kleidung nach Schuhen, Ober- und Unterkleidern getrennt an bestimmte Stellen ablegen. Ich sah einen Schuhhaufen von schätzungsweise 800 bis 1 000 Paar Schuhen, große Stapel mit Wäsche und Kleidern. Ohne Geschrei oder Weinen zogen sich diese Menschen aus, standen in Familien-

Der Völkermord beginnt

gruppen beisammen, küssten und verabschiedeten sich und warteten auf den Wink eines anderen SS-Mannes, der an der Grube stand und ebenfalls eine Peitsche in der Hand hielt. Ich habe während einer Viertelstunde, als ich bei den Gruben stand, keine Klagen oder Bitten um Schonung gehört. Ich beobachtete eine Familie von etwa acht Personen, einen Mann und eine Frau, beide ungefähr von 50 Jahren, mit deren Kindern, so ungefähr 1-, 8- und 10-jährig, sowie zwei erwachsene Töchter von 20 bis 24 Jahren. Eine alte Frau mit schneeweißem Haar hielt das einjährige Kind auf dem Arm und sang ihm etwas vor und kitzelte es. Das Kind quietschte vor Vergnügen. Das Ehepaar schaute mit Tränen in den Augen zu. Der Vater hielt an der Hand einen Jungen von etwa 10 Jahren, sprach leise auf ihn ein. Der Junge kämpfte mit den Tränen. Der Vater zeigte mit dem Finger zum Himmel, streichelte ihm über den Kopf und schien ihm etwas zu erklären. Da rief schon der SS-Mann an der Grube seinem Kameraden etwas zu. Dieser teilte ungefähr 20 Personen ab und wies sie an, hinter den Erdhügel zu gehen. Die Familie, von der ich hier sprach, war dabei. Ich entsinne mich noch genau, wie ein Mädchen, schwarzhaarig und schlank, als sie nahe an mir vorbeiging, mit der Hand an sich herunter zeigte und sagte: ›23 Jahre!‹«[40]

Die ersten Todesfabriken

Weil die Massenerschießungen Aufsehen weckten, weil sie viel Zeit in Anspruch nahmen und auch die »Aufrechterhaltung der Moral« der beteiligten Männer sich als problematisch erwies, suchten die Organisatoren des Völkermordes schon im Herbst 1941 nach »rationelleren« Verfahren, große Gruppen von Menschen schnellstmöglich umzubringen. Nach einigen Experimenten lautete die Lösung: Gas. Diese Methode war schon im Behindertenmord ausprobiert worden. In den Euthanasie-Anstalten hatte man in Stahlflaschen gelagertes Kohlenoxid genutzt. Das schien zu umständlich für den im Osten geplanten Massenmord. Stattdessen hielt man Autoabgase für geeignet und setzte am 8. Dezember 1941 erstmals »Vergasungswagen« – umgebaute Möbeltransporter – im Tötungslager Chelmno ein. Am 17. März 1942 waren die Gaskammern in Belzec fertig, um den ersten Transport aus dem Lubliner Ghetto aufzunehmen. In den drei Lagern Belzec, Sobibor und Treblinka wurden Abgase aus großen sowjetischen Panzermotoren verwendet. Diese Aktionen führten etwa 100 Personen durch, die schon Erfahrungen aus dem Behindertenmord mitbrachten.

Im Konzentrationslager Auschwitz experimentierte man im Herbst 1941 mit dem Insektenbekämpfungsmittel Zyklon-B, das zur Entlausung von Kleidern und Baracken angewandt wurde. Es erwies sich als sehr effektiv. Das freigesetzte Zyangas führte zu einem schnellen Erstickungstod. Bald begannen in Auschwitz regelmäßige Ermordungen mit Zyklon-B, das auch im Tötungslager Majdanek und in einigen Konzentrationslagern in Deutschland Verwendung fand.

Eine ziemlich kleine Zahl von SS-Leuten und deren Helfern ermordete zwischen Dezember 1941 und November 1944 auf diese industrielle Weise ungefähr drei Millionen Menschen in den Gaskammern der verschiedenen Lager.

Gesundheitsgefahren für das Personal von Vergasungswagen
Auszug aus einem Bericht des SS-Untersturmführers Dr. August Becker vom 16. Mai 1942. Es handelt sich um speziell hergestellte Vergasungswagen, die in der Ukraine, in Serbien und im Tötungslager Chelmno verwendet wurden.

»Die Überholung der Wagen bei der Gruppe D und C [gemeint sind die nämlichen Einsatzgruppen] ist beendet. [...]

Die Wagen der Gruppe D habe ich als Wohnwagen tarnen lassen, indem ich an den kleinen Wagen auf jeder Seite zwei Fensterläden anbringen ließ, wie man sie oft an den Bauernhäusern auf dem Lande sieht. Die Wagen waren so bekannt geworden, dass nicht nur die Behörden, sondern auch die Zivilbevölkerung den Wagen als ›Todeswagen‹ bezeichneten, sobald eines dieser Fahrzeuge auftauchte. Nach meiner Meinung kann er auch getarnt nicht auf Dauer verheimlicht werden. [...]

Außerdem ordnete ich an, bei den Vergasungen alle Männer vom Wagen möglichst fern zu halten, damit sie durch evtl. ausströmende Gase gesundheitlich nicht geschädigt werden. Bei dieser Gelegenheit möchte ich auf Folgendes aufmerksam machen: Verschiedene Kommandos lassen nach der Vergasung durch die eigenen Männer ausladen. Die Kommandeure der betreffenden S.K. [Sonderkommandos] habe ich darauf aufmerksam gemacht, welch ungeheure seelische und gesundheitliche Schäden diese Arbeit auf die Männer, wenn auch nicht sofort, so doch später haben kann. Die Männer beklagten sich bei mir über Kopfschmerzen, die nach jeder Ausladung auftreten. Trotzdem will man von dieser Anordnung nicht abgehen, weil man befürchtet, dass die für die Arbeit herangezogenen Häftlinge einen günstigen Augenblick zur Flucht benutzen könnten. Um die Männer vor diesen Schäden zu bewahren, bitte ich, dementsprechende Anordnungen herauszugeben.

Die Vergasung wird durchweg nicht richtig vorgenommen. Um die Aktion möglichst schnell zu beenden, geben die Fahrer durchweg Vollgas. Durch diese Maßnahme erleiden die zu Exekutierenden den Erstickungstod und nicht wie vorgesehen den Einschläferungstod.

Meine Anleitungen haben nun ergeben, dass bei richtiger Einstellung der Hebel der Tod schneller eintritt und die Häftlinge friedlich einschlafen. Verzerrte Gesichter und Ausscheidungen, wie sie seither gesehen wurden, konnten nicht mehr bemerkt werden. Im Laufe des heutigen Tages erfolgt meine Weiterreise nach der Gruppe B, wo mich weitere Nachrichten erreichen können.«[41]

»Den ganzen Winter über ließ man kleine Kinder ganz nackt und barfuß stundenlang im Freien stehen, darauf wartend, in die Gaskammern geschickt zu werden, die unter Hochdruck arbeiteten. Die Fußsohlen der Kinder froren im Eis am Boden fest. Sie standen da und weinten. Einige erfroren. Mitunter gingen Deutsche und Ukrainer die Reihe entlang und schlugen und traten die Opfer. Einer der Deutschen, ein Mann, der Sepp hieß, war eine widerliche, unmenschliche Krähe, der ein besonderes Gefallen darin fand, Kinder zu quälen. Wenn er Frauen misshandelte und diese ihn anflehten, er möge aufhören, weil sie Kinder dabeihatten, riss er oft der Mutter das Kind vom Arm und entweder stückelte er es in zwei Teile oder hielt es am Bein und schlug dessen Kopf gegen eine Wand und warf dann den Körper weg.«

YANKEL WIERNIK, ÜBERLEBENDER VON TREBLINKA[43]

Die Aktion Reinhardt

Über 1,7 Millionen Menschen wurden zwischen März 1942 und Oktober 1943 allein in den Tötungslagern Belzec, Sobibor und Treblinka ermordet. Diese Lager zählten zur so genannten »Aktion Reinhardt«, deren Ziel lautete, die polnischen Juden zu ermorden und zu berauben. Man überließ nichts dem Zufall: Neben Kleidung, Geld und persönlicher Habe wurden selbst Haare und Goldplomben den Ermordeten genommen. Diese Arbeiten und auch die Beseitigung der Leichen mussten jüdische Gefangene ausführen.

Die Lager waren klein, etwa 600 Meter lang und 400 Meter breit. Das deutsche Personal war von geringer Zahl: In jedem Lager befanden sich nur ungefähr 30 SS-Männer sowie einige hundert Helfer, meist Ukrainer und Balten. Die einzelnen Lager waren nach gleichem Muster angelegt und stellten, einem ehemaligen SS-Mann zufolge, »primitive, aber gut funktionierende Todesbänder« dar. Hier gab es keine Ärzte, wie in Auschwitz oder Majdanek, die die Menschen aussortierten. Die Menschen kamen in Zügen, oft in Güterwagen. Man sagte ihnen, dass sie arbeiten sollten, aber erst einmal »desinfiziert« würden und sich deshalb entkleiden und ihre Habseligkeiten ablegen müssten, Männer und Frauen getrennt.

Danach trieb man sie in die Gaskammern, startete Motoren und leitete die Abgase über Rohre in die Kammern, wo die Menschen dicht gedrängt standen. Der ganze Vorgang war nach ein bis zwei Stunden beendet. An einem Tag konnte man so 15 000 Menschen in Treblinka töten, »aber da hatten wir die halbe Nacht zu tun«, erklärte derselbe SS-Mann. Anfangs begrub man die Körper in großen Massengräbern, seit Herbst 1942 wurden sie verbrannt.[42] Treblinka haben höchstens etwa 100 Juden überlebt, Sobibor einige dutzend und Belzec nur zwei.

Ein Schild in Treblinka:
»Achtung, Warschauer Juden! Ihr befindet euch hier in einem Durchgangslager, von dem aus der Weitertransport in Arbeitslager erfolgen wird.
Zur Verhütung von Seuchen sind sowohl Kleider als auch Gepäckstücke zum Desinfizieren abzugeben.
Gold, Geld, Devisen und Schmuck sind gegen Quittung der Kasse zu übergeben. Sie werden später gegen Vorlage der Quittungen wieder ausgehändigt.
Zur Körperreinigung haben sich alle Ankommenden vor dem Weitertransport zu baden.«

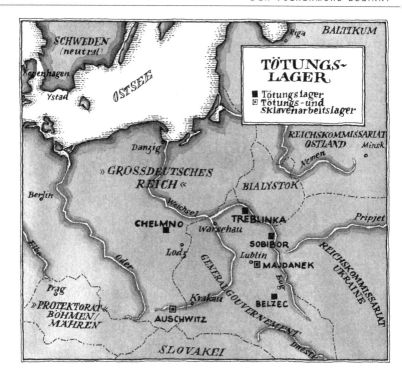

Tötungslager und die geschätzte Zahl ihrer Opfer:
Chelmno (Dez. 41 – Juli 44) ....152 000 – 320 000
Belzec (März 42 – Dez. 42) 600 000
Sobibor (April 42 – Okt. 43) 250 000
Treblinka (Juli 42 – Aug. 43) ....700 000 – 900 000
Majdanek (Okt. 41 – Juli 44) ....mindestens 235 000
Auschwitz-Birkenau (Jan. 42 – Jan. 45) ....über 1 100 000

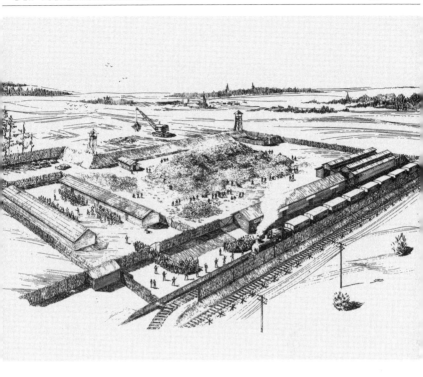

Todesfabrik Treblinka

Ankunft in Treblinka. Die Gaskammer liegt links außerhalb des Bildes, aber der so genannte »Himmelfahrtsweg« zu den Gaskammern beginnt am hinteren Ende der langen Baracke auf der linken Seite. Auf dem großen offenen Platz sind Sortierkommandos mit dem Ordnen der Sachen beschäftigt, die die Menschen mitgebracht haben. Im Hintergrund ein Bagger bei den Massengräbern. Rund eine Million Menschen werden nach Treblinka deportiert, doch nur etwa hundert überleben hier den Krieg.

Die Zeichnung stammt von Samuel Willenberg, der Gefangener in Treblinka war und sie später im Buch *Revolte in Treblinka* veröffentlichte. Man zwang ihn zum Beispiel, Frauen das Haar abzuschneiden, bevor sie in die Gaskammern getrieben wurden. Er musste auch die Habseligkeiten der Ermordeten sortieren, die dann nach Deutschland geschickt wurden. Willenberg war am Aufstand in Treblinka am 2. August 1943 beteiligt. Er entkam nach Warschau, wo er sich der polnischen Widerstandsbewegung anschloss und im August 1944 am Warschauer Aufstand teilnahm.

Franz Stangl

In der Diskussion um den Holocaust wird oft hervorgehoben, dass »Schreibtischmörder« die »Todesmaschinerie« in Gang hielten. Zahlreiche deutsche Bürokratien waren beteiligt: von den Polizeibehörden über die Reichsbahn, von Berliner Ministerien bis hin zu örtlichen Verwaltungen. Man darf jedoch nicht aus dem Blick verlieren, dass, wie der Historiker Christopher Browning schrieb, »der Holocaust sich letzten Endes deshalb ereignet [hat], weil [...] einzelne Menschen über einen längeren Zeitraum hinweg andere Menschen zu abertausenden umgebracht haben«.[44]

Die Angehörigen der Erschießungskommandos, die Mitarbeiter und Kommandanten der Tötungslager waren Menschen wie du und ich. Zum Beispiel Franz Stangl. Er war zunächst Kommandant in Sobibor und danach in Treblinka. In den 60er-Jahren nahm man ihn in Brasilien fest und brachte ihn in die Bundesrepublik Deutschland, wo er vor Gericht gestellt und schließlich wegen Mordes an hunderttausenden Menschen verurteilt wurde.

Als Stangl in den 40er-Jahren eine gigantische Mordmaschinerie leitete, war er gleichzeitig auch Ehemann und Vater. Das folgende Zitat handelt von einer Wahl, die nicht getroffen wurde, weil niemand die Frage stellte. Eine Journalistin sprach während des Strafprozesses mit Stangls Frau: »Würden Sie mir sagen, [...] was Ihrer Meinung nach geschehen wäre, wenn Sie irgendwann einmal Ihren Mann vor eine absolute Entscheidung gestellt hätten, wenn Sie zu ihm gesagt hätten: ›Ich weiß, es ist schrecklich gefährlich, aber entweder du steigst aus dieser furchtbaren Sache aus, oder die Kinder und ich werden dich verlassen. Was ich wissen möchte, ist Folgendes: Wenn Sie ihn vor diese Wahl gestellt hätten, wie, glauben Sie, hätte er sich entschieden?«« Theresa Stangl antwortete: »Ich glaube, wenn ich Paul jemals vor diese Wahl gestellt hätte: Treblinka oder ich; er würde ... ja er hätte sich letzten Endes für mich entschieden.«[45]

Ihr Mann jedoch entschied sich freiwillig, an der Ermordung von über sechs Millionen Menschen teilzunehmen. – Warum, das kann niemand einfach und klar beantworten.

Vernichtung durch Arbeit

»Vernichtung durch Arbeit« war eine weitere Methode, die von den Deutschen bei der Auslöschung von Gefangenen angewandt wurde. Die Gefangenen wurden gezwungen, mehr oder weniger sinnlose Arbeit unter extrem harten Bedingungen auszuführen. Dies zusammen mit mangelhafter Ernährung, unvorstellbar schlechten hygienischen Zuständen, Brutalität der Wachen und willkürlichen Bestrafungen für das geringste »Vergehen« führte in den mehr als 1 000 Arbeits- und Konzentrationslagern zu großen Verlusten.
Der Gefangene Joseph Schupack im Tötungslager Majdanek schildert die erniedrigende »Arbeit« im Lager:
»Danach ging es zur ›Arbeit‹.
In unseren Holzschuhen wurden wir mit Stockschlägen in eine Ecke des Feldes gejagt und mussten einmal unsere Mützen, ein andermal unsere Jacken mit Steinen, nassem Sand oder Matsch füllen, mit beiden Händen festhalten und im Laufschritt unter einem Hagel von Schlägen zur gegenüberliegenden Ecke bringen und so weiter und so weiter. Ein Spalier von brüllender SS- und Häftlingsprominenz, bewaffnet mit Stöcken und Peitschen, ließ die Schläge auf uns herunterhageln. Es war die Hölle.«[46]

»Zum 1. Male draußen um 3 Uhr früh bei einer Sonderaktion zugegen. Im Vergleich hierzu erscheint mir das Dante´sche Inferno fast wie eine Komödie. Umsonst wird Auschwitz nicht das Lager der Vernichtungslager genannt!«
[...]
»Heute mittag bei einer Sonderaktion aus dem F.K.L. (›Muselmänner‹): das Schrecklichste der Schrecken. Hschf. Thilo hat Recht, wenn er mir heute sagte, wir befänden uns hier am anus mundi.«

AUS DEM TAGEBUCH DES SS-ARZTES JOHANN P. KREMER
IM TÖTUNGSLAGER AUSCHWITZ-BIRKENAU,
2. UND 5. SEPTEMBER 1942[47]

F.K.L. bedeutet Frauenkonzentrationslager
»Muselmänner« war die im Lager übliche Bezeichnung
für die ausgemergelsten Gefangenen.

Auschwitz-Birkenau

Ab Sommer 1940 war Auschwitz ein Konzentrationslager für polnische politische Gefangene. Das Lager lag an einem größeren Eisenbahnknoten. Es wuchs schnell zu einem riesigen Komplex, der aus rund 40 einzelnen Lagern bestand. Die bekanntesten sind Auschwitz I (Stammlager), Auschwitz II (Birkenau) und Auschwitz III (Monowitz). In den Lagern waren Ärzte in großer Zahl tätig: Viele von ihnen widmeten sich angeblich medizinischen Experimenten.

Die Gefangenen litten an Unterernährung, Krankheiten, Sklavenarbeit und dem Terror. Massenmorde durch Gas begannen in Auschwitz Ende 1941. Im Frühjahr 1942 verlegte man sie nach Birkenau, wo sich vorläufige Gaskammern in zwei umgebauten Wohnhäusern befanden. Die Krematorien in Birkenau wurden im Frühjahr 1943 fertig gestellt. Transporte von ungarischen Juden nach Birkenau im Frühjahr und Sommer 1944 bildeten hier den Höhepunkt des Mordens: Da konnten drei bis vier Zugtransporte täglich mit zwischen 3 000 und 3 500 Menschen ankommen. Etwa ein Zehntel von ihnen wurde zur Arbeit ausgesondert, die Übrigen ermordete man sofort. Nicht einmal die ausgedehnten Krematorien in Birkenau konnten diese Anforderungen bewältigen. Man verbrannte Körper deshalb auch in Gruben. Die letzten Ermordungen durch Gas fanden im November 1944 statt. Bevor die sowjetische Rote Armee Auschwitz-Birkenau am 27. Januar 1945 eroberte, hatte die SS abgebaut, was sich abbauen ließ, und dann die Reste der Gaskammern gesprengt.

Außer etwa einer Million Juden aus ganz Europa ermordete man in Auschwitz 75 000 Polen, 21 000 Sinti und Roma, 15 000 sowjetische Kriegsgefangene und 15 000 Gefangene aus anderen Ländern. Mindestens 1,1 Millionen Opfer – die unvorstellbare Bilanz an diesem einen Ort.

Der Völkermord beginnt

Bilder von Birkenau in diesem Buch
A. Nördlicher Teil der Rampe (Seite 106)
B. Frauen und Kinder außerhalb des Krematoriums 2 (Seite 108)
C. Frauen und Kinder auf dem Weg
   zum Krematorium 4 oder 5 (Seite 110)
D. Umschlagbild

Besondere Orte und Gebäude im Lager
1. Selektionsrampe
2. Krematorium 2 mit unterirdischer Gaskammer
3. Krematorium 3 mit unterirdischer Gaskammer
4. Krematorium 4 mit Gaskammer
5. Krematorium 5 mit Gaskammer
   und Verbrennungsgruben
6. »Sauna« – Registrierung der Gefangenen
7. »Kanada« – Sortierung der Effekten
8. Krankenbaracken
9. Familienlager für die »Zigeuner«
10. Männerlager
11. Lager für die ungarischen Jüdinnen
12. Familienlager für Juden
    aus Theresienstadt
13. Frauenlager
14. Baracken für medizinische
    Experimente
15. »Tor des Todes« – Einfahrt für die Züge

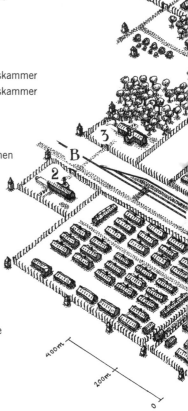

Aussortierung

Die »Selektion«: Eines von vielen Bildern von der »Aussortierung« auf der Rampe in Auschwitz-Birkenau. Viele Überlebende berichten, wie dieser Augenblick ihre Familien zerstörte. SS-Ärzte und andere Offiziere entscheiden, wer zur Arbeit ins Lager soll. Im oberen Teil des Bildes ist eine Kolonne von »aussortierten« Menschen auf dem Weg in die Gaskammer im Krematorium 2 zu sehen, überwiegend Kinder, Frauen und Alte.

Die 200 Bilder von Birkenau

Es war nicht erlaubt, die »Endlösung der Judenfrage« zu fotografieren. Doch viele brachen dieses Verbot, insbesondere während der Massenerschießungen. Einzelne deutsche Soldaten machten Fotos, die sie nach Hause schickten oder Freunden und Bekannten während des Urlaubs zeigten. Aus den Tötungslagern hingegen sind nur wenige Bilder erhalten. Ein einzigartiges Dokument ist deshalb das Album *Umsiedlung der Juden aus Ungarn*, das man am Kriegsende in einem Konzentrationslager fand. Die Bilder wurden vermutlich Ende Mai oder Anfang Juni 1944 aufgenommen, als die Transporte von ungarischen Juden nach Auschwitz-Birkenau in vollem Gange waren. Wer und aus welchem Anlass er sie aufgenommen hat, ist nicht bekannt. Die Fotografien sind zeitlich geordnet und unter in Schönschrift überschriebene Rubriken eingeordnet. Die erste Überschrift lautet: »Ankunft eines Transportzuges«. Danach folgen in zeitlicher Ordnung unter anderem: »Aussortierung«, »Noch einsatzfähige Männer«, »Noch einsatzfähige Frauen«, »Nicht mehr einsatzfähige Männer«, »Nicht mehr einsatzfähige Frauen und Kinder«, »Einweisung ins Arbeitslager« und schließlich »Effekten«. Es folgen Fotografien von großen Mengen Gepäck und aufgestapelten Schuhen usw. und am Ende zwei Bilder eines Krematoriums in einem kleineren Konzentrationslager.

Die »einsatzfähigen« Frauen und Männer sind jung und stark, die »nicht mehr einsatzfähigen« Alte, Behinderte und Frauen mit Kindern. Diese Alten, Behinderten und Frauen mit Kindern wurden direkt in die Gaskammern gebracht. Die Fotos auf den Seiten 106 und 108 stammen aus dem Album. Ebenso das Foto auf dem Einband dieses Buches.

Nicht mehr einsatzfähige Frauen u. Kinder

»Die Aussortierten« stehen am Zaun des Krematoriums 2. Sie haben vielleicht nur noch eine Stunde zu leben: Noch bevor der Tag zu Ende sein wird, werden diese Frauen und Kinder in einem genau geplanten, industriellen Prozess mit Gas ermordet und zu Asche verwandelt worden sein. Von dem Platz aus, wo sie nun stehen, werden sie an einem kleinen Garten vorbei und einige Stufen hinunter in einen Umkleideraum geleitet. Nachdem sie sich entkleidet haben, müssen sie in die angrenzende Gaskammer, die rund 2 000 Menschen fasst. Die massiven Türen werden verschlossen, das Licht

In Fünferreihen schlagen sie die Straße der Ankunft ein. Es ist die Straße der Abfahrt, sie wissen es nicht. Das ist die Straße, die man nur einmal geht.

Sie gehen in guter Ordnung – man soll ihnen nichts vorwerfen können.

Sie kommen zu einem Haus und seufzen. Endlich sind sie angekommen.

Und als die Frauen angeschrien werden, sie sollen sich ausziehen, ziehen sie zuerst die Kinder aus und geben Acht, dass sie sie nicht ganz wach machen. Nach der tage- und nächtelangen Reise sind sie gereizt und quengelig

und sie fangen an, sich vor den Kindern auszuziehen, nun, anders geht es nicht

und als jede ein Handtuch bekommt, machen sie sich Gedanken, ob die Dusche auch warm sein wird, denn die Kinder könnten sich erkälten

und als die Männer, ebenfalls nackt, aus einer anderen Tür in den Duschraum treten, halten die Frauen die Kinder vor sich.

Und vielleicht verstehen jetzt alle.

CHARLOTTE DELBO[48]

wird gelöscht und Zyklon-B-Gas hineingeleitet. Nach der Durchlüftung des Raumes bringen jüdische Angehörige des »Sonderkommandos« die Leichen hinaus, um sie in den Krematoriumsöfen zu verbrennen. Der ganze Vorgang dauert oft nicht länger als ein bis zwei Stunden.

Frauen und Kinder auf dem 1,5 km langen Marsch zum Krematorium 4 oder 5 in Auschwitz-Birkenau.
Im Hintergrund sind einige Güterwagen an der Rampe zu sehen.

Die 600 Knaben

Der Angehörige eines »Sonderkommandos«, Salmen Lewenthal, beschreibt ein Ereignis, dessen Zeuge er im Lager Auschwitz-Birkenau am 20. Oktober 1944 wurde. Das Manuskript mit seinem Bericht hat man 1961 wieder gefunden, eingegraben in der Nähe eines der Krematorien des Lagers.

»Am hellen Tage wurden 600 jüdische Knaben im Alter von 12 bis 18 Jahren gebracht. Sie waren in lange, sehr dünne Zebraanzüge gekleidet; an den Füßen hatten sie zerrissene Schuhe oder Holzpantinen. [...] Als sie sich auf dem Platz befanden, befahl ihnen der Kommandoführer, sich auf dem Platz auszuziehen. Die Knaben bemerkten den Rauch, der aus dem Schornstein quoll, und erkannten sogleich, dass sie sie in den Tod führten. Sie begannen in wildem Entsetzen auf dem Platz herumzulaufen und sich die Haare aus dem Kopf zu reißen, ohne zu wissen, wie sie sich retten sollten. Viele von ihnen brachen in schreckliches Weinen aus, es erscholl ein trostloses Wehklagen. Der Kommandoführer und sein Gehilfe schlugen diese wehrlosen Knaben entsetzlich, um diese zum Ausziehen zu zwingen. [...] Die Knaben entkleideten sich mit instinktiver Furcht vor dem Tode, nackt und barfuß drängten sie sich auf einen Haufen, um sich vor den Schlägen zu schützen, und rührten sich nicht von der Stelle. Ein kühner Knabe ging auf den neben uns stehenden Kommandoführer zu und bat ihn, er möge ihm das Leben schenken, wobei er versprach, auch die schwerste Arbeit zu verrichten. Als Antwort versetzte er ihm mit dem dicken Knüppel einige Schläge auf den Kopf. Viele Knaben liefen in wildem Lauf zu den Juden des Sonderkommandos, warfen ihnen die Arme um den Hals und flehten um Rettung. Andere liefen nackt auf dem großen Platz auseinander (dem Tode zu entkommen). Der Kommandoführer rief einen Unterscharführer mit einem [Gummi-]Knüppel zu Hilfe.

Die jungen, reinen Knabenstimmen stiegen von Minute zu Minute an, bis sie in bitteres Weinen übergingen. Dieses schreckliche Wehklagen ertönte weithin. Wir standen vollkommen erstarrt und wie gelähmt von diesem kläglichen Weinen. Mit einem Lächeln der Zufriedenheit, ohne die kleinste Regung von Mitleid, mit den stolzen Mienen der Sieger standen die SS-Männer da und trieben sie, schrecklich schlagend, in den Bunker. [...] Einige Knaben liefen trotzdem noch durcheinander auf dem Platz hin und her und suchten nach Rettung. Die SS-Männer liefen nach, schlugen und versetzten Hiebe, bis sie die Situation beherrschten und sie am Ende in den Bunker getrieben hatten. Ihre Freude war unbeschreiblich. Hatten sie denn niemals Kinder gehabt?«[49]

Arbeiten in der Hölle

Das »Sonderkommando« bestand aus Gefangenen, die von den Deutschen gezwungen wurden, die fürchterlichsten Arbeiten im Lager auszuführen. Angehörige des Sonderkommandos wurden streng von der Außenwelt und den anderen Gefangenen getrennt, weil sie das Geheimnis kannten: Denn ihre »Arbeit« bestand darin, die Gaskammern zu leeren, Goldplomben herauszuziehen, Haar abzuschneiden und dann die Körper in Krematorien oder in Gruben zu verbrennen. Tag für Tag. Sie selbst lebten oft nur noch eine kurze Zeit und wurden regelmäßig gegen neue »lebende Tote« ausgetauscht. Einer von ihnen erklärte später: »Natürlich hätte ich mir das Leben nehmen können oder danach trachten können, umgebracht zu werden; aber ich wollte überleben, um mich zu rächen und über das Geschehen Zeugnis abzulegen. Glaubt nicht, dass wir Monster sind: Wir sind genau wie ihr, nur sehr viel unglücklicher.«

Der italienische Schriftsteller Primo Levi zählte zu den Überlebenden von Auschwitz. Für ihn war »das Erdenken und Organisieren des Sonderkommandos das infernalischste Verbrechen der Nationalsozialisten. [...] Diese Einrichtung beinhaltete den Versuch, die Schuld an andere zu überführen – nämlich die Opfer –, sodass ihnen der Trost genommen wurde, der darin liegt, unschuldig zu sein.« Levi meinte, dass jene, die nationalsozialistisch dachten, sich damit zugleich auf eine tiefe innere Korruption einließen, moralisch und charakterlich. So gesehen hatten die Sonderkommandos faktisch nur einen Sinn: »Wir, das Herrenvolk, sind eure Vernichter, aber ihr seid nicht besser als wir. Wenn wir es wünschen, und das tun wir, können wir nicht nur eure Körper vernichten, sondern auch eure Seelen, genauso wie wir unsere eigenen Seelen zerstört haben.«[50]

Rechte Seite:
Das Öffnen der Gaskammer.
Eine von mehreren Zeichnungen des französischen Sonderkommando-Angehörigen David Olère, dem es gelang zu überleben.
Olère fertigte diese Zeichnung ein Jahr nach Kriegsende an.

»Und den ganzen Tag und die ganze Nacht
alle Tage und alle Nächte
rauchen die Schornsteine, gefüttert mit Brennstoff
aus allen Teilen Europas.«

CHARLOTTE DELBO[51]

Aufstand im Ghetto

Trotz unmenschlicher Lebensbedingungen findet man im Warschauer Ghetto zwei mal den Mut zum Widerstand und zu offener Revolte. Auf dem Foto werden einige Widerstandskämpfer abgeführt. Anderen gelingt die Flucht. Simcha Rottem, ein Überlebender, schildert, wie die Flucht aus dem Ghetto vor sich ging:

»Während der drei ersten Kampftage hatten die Juden die Oberhand. Die Deutschen haben sich sofort zum Eingang des Ghettos zurückgezogen, sie nahmen dutzende von Verletzten mit zurück.
Von diesem Augenblick an wurden alle Kampfaktionen von außen geleitet, durch Luftangriffe und durch die Artillerie. Wir hatten den Luftangriffen und vor allem ihrer Methode, das Ghetto in

mehr Platz, um an ihnen vorbeizugehen, und außer dem Kampf gegen die Deutschen kämpften wir gegen den Hunger, gegen den Durst. Wir hatten nicht die geringste Verbindung zur Außenwelt, wir waren vollkommen isoliert und von der Welt abgeschnitten.
Wir waren in einer so schlimmen Verfassung, dass wir schließlich keinen Sinn mehr darin sahen, den Kampf fortzusetzen. Wir kamen auf den Gedanken, einen Durchbruch zum arischen Stadtteil Warschaus, außerhalb des Ghettos, zu versuchen. [...] Sehr früh am Morgen fanden wir uns plötzlich am helllichten Tag auf offener Straße. Sie müssen sich diesen sonnigen 1. Mai vorstellen! Wir waren verwirrt, uns unter normalen Menschen in einer Straße zu befinden – wir, die wir von einem anderen Stern kamen. Die Leute haben sich sofort auf uns gestürzt, denn wir sahen sicher sehr erschöpft aus, mager, zerlumpt.
Im Umkreis des Ghettos gab es immer sehr misstrauische Polen, die Juden festnahmen. Wie durch ein Wunder sind wir ihnen entkommen. Im arischen Stadtteil Warschaus ging das Leben weiter wie immer, ganz natürlich und normal, wie früher. Die Cafés waren normal besucht, die Restaurants; die Autobusse, die Straßenbahnen fuhren; die Kinos waren geöffnet. Das Ghetto war eine abgeschnittene Insel inmitten des normalen Lebens.«[52]

Brand zu stecken, nichts entgegenzusetzen. Das Ghetto war ein einziges Flammenmeer. [...] Ich glaube, die menschliche Sprache ist nicht im Stande, das Grauen zu beschreiben, das wir im Ghetto erlebt haben. In den Straßen des Ghettos, wenn das Wort Straße noch zutraf, denn es gab keine Straßen mehr, mussten wir über Berge von Leichen steigen, die sich übereinander stapelten. Es gab nirgendwo

Widerstand und Hilfe

> *»Alles konnte Widerstand sein, denn alles war verboten. Jede Handlung, die darauf hindeutete, dass der Gefangene noch etwas von seiner früheren Persönlichkeit und Eigenart besaß, war Widerstand.«*
>
> ANDREA DEVOTO, ITALIENISCHER PSYCHIATER [54]

Eine der Legenden zum Holocaust lautet, dass sechs Millionen Juden wie »Schafe zur Schlachtbank« gingen, ohne Widerstand zu leisten. Tatsächlich aber gibt es tausende Beispiele für Widerstand, vom Aufruhr im Warschauer Ghetto bis zum Angriff jüdischer Partisanen auf deutsche Militäreinheiten in West- und Osteuropa. In Konzentrations- und Tötungslagern gab es organisierten Widerstand sowohl von jüdischen wie nichtjüdischen Gefangenen. Aber: Die Deutschen schlugen jeden Versuch des Widerstands nieder, mit einer Gewalt, die keine Grenzen kannte.

Die meist jungen Menschen, die Widerstand leisten wollten, riskierten nicht nur ihr eigenes Leben, sondern auch das ihrer Eltern und Geschwister – und vielleicht das von vielen hundert anderen. Die Gefangenen in Arbeitskolonnen wussten, dass eine Flucht die anderen Unglücklichen aus der Kolonne treffen würde, und selbst Gefangene in Tötungslagern schreckten vor Maßnahmen der Gegenwehr zurück, obwohl sie wussten, dass sie jederzeit ermordet werden könnten.

Es war der Wille zu leben – oder zumindest mit Würde zu sterben –, der bei vielen zum Entschluss für oder gegen Widerstand führte. Die jüdische Kampforganisation im Warschauer Ghetto mahnte in einem Aufruf im Januar 1943:
»Die Freiheit gewinnt man nicht dadurch, dass man unterwürfig seinem Tod entgegengeht wie ein Schaf zum Schlachter. Die Freiheit gewinnt man in etwas viel Größerem: im Kampf! Derjenige, der sich verteidigt, hat die Möglichkeit, sich zu retten! Derjenige, der von Anfang an das Recht zur Selbstverteidigung ablehnt – der ist schon verloren! Lasst das Volk zur Einsicht gelangen, dass es kämpfen soll! Wir sind auch zum Leben bestimmt! Wir haben auch das Recht zu leben! [...] Lasst das Volk erwachen und um sein Leben kämpfen!«[53]
Man nimmt an, dass in etwa 100 osteuropäischen Ghettos Widerstandsgruppen bestanden. Doch die verbreitetste Form des Widerstandes bildeten Partisanengruppen in den Wäldern Osteuropas. Rund 20 000 Juden kämpften in derartigen Gruppen mit, ein Teil von ihnen bildete Familienlager in den weitläufigen Waldgebieten. In Westeuropa waren jüdische Partisanen in Frankreich und Belgien aktiv. Viele Partisanengruppen versteckten Juden.

Einer kleinen Anzahl jüdischer Kinder gelang es, Verstecke in Klöstern oder bei christlichen Familien in Polen, Holland und Frankreich zu finden. Sie wurden oft im christlichen Glauben erzogen. Die Deutschen führten harte Strafen für das »Verbrechen« ein, Juden zu verstecken. In Polen stand darauf die Todesstrafe, und doch gab es auch hier Menschen, die das Risiko auf sich nahmen – entweder gegen Geld oder aus grundsätzlichen Erwägungen.

Eine andere Form des Widerstandes bildete der Versuch, Juden aus den von NS-Deutschland kontrollierten Gebieten herauszuschmuggeln. Das war nicht leicht, weil viele Länder ihre Grenzen schlossen und sie oft Juden, denen es gelungen war, hineinzukommen, wieder zurückschickten. Ein Beispiel dafür war die neutrale Schweiz. Dennoch gelang es einem Teil der Juden, auf großen Umwegen nach Palästina zu kommen. Andere schafften es bis nach Schanghai in China. Diese Stadt wurde zwar von Japan, dem Verbündeten Deutschlands, kontrolliert, aber die Japaner teilten den Judenhass der Nationalsozialisten nicht.

»Da sagte er auf Russisch: ›Kameraden, dies ist der schönste Tag in meinem Leben, weil ich mit meinen eigenen Augen eine solch große Menschengruppe aus dem Ghetto kommen sehen konnte!
[...] Ich mache euch keine Versprechungen. Wir können getötet werden, da wir versuchen zu leben. Aber wir werden alles, was wir können, tun, um mehr Leben zu retten. So werden wir vorgehen. Wir schicken niemand weg, wir sortieren nicht die Alten, Kinder und Frauen aus. Das Leben ist hart, wir leben in ständiger Gefahr, doch wenn wir untergehen, wenn wir sterben, sterben wir als Menschen.‹«

MOSHE BAIRACH, ANGEHÖRIGER DES BIELSKI-FAMILIENLAGERS[55]

Die Waldpartisanen

Der polnische Jude Tuvia Bielski beschließt zu Beginn der deutschen Besetzung, in den Untergrund zu gehen. In den Wäldern im westlichen Weißrussland sammelt er einige Mitkämpfer um sich. Die Gruppe soll nicht nur sich selbst beschützen, sondern auch andere bedrängte Juden bewegen, sich der Gemeinschaft, die sich »Bielskipartisanen« nennt, anzuschließen. Bei der Befreiung 1944 leben rund 1 200 Männer, Frauen und Kinder unter dem Schutz der Partisanen: Da die Gruppe in erster Linie darauf hingewirkt hat, Juden zu retten und nicht Deutsche zu töten, überlebt sie den Krieg.

In den Wäldern im besetzten östlichen Polen und der westlichen Sowjetunion gibt es mehrere ähnliche Familienlager. Im Zitat auf Seite 118 berichtet Moshe Bairach, was Bielski sagt, als sie im Wald zu ihm stoßen.

Der Aufstand im Warschauer Ghetto

Nach der Deportation von über 260 000 Juden aus dem Warschauer Ghetto nach Treblinka entschieden die übrig gebliebenen Mitglieder der jüdischen Widerstandsbewegung, dass es für sie keine andere Wahl mehr gebe als den bewaffneten Widerstand. Am 18. Januar 1943 drangen deutsche Verbände in das Ghetto ein, um den Rest der Ghettobevölkerung zu deportieren. Sie wurden plötzlich angegriffen und erlitten erste Verluste. Auch wenn es ihnen zunächst gelang, rund 6 000 Juden für die Deportation zusammenzutreiben und abzutransportieren, so waren sie doch überrascht und zogen sich zurück. Das Ghetto wurde für einige Monate in Ruhe gelassen. In dieser Zeit gelang es der Widerstandsbewegung, einige hundert Revolver, einige Gewehre und ein Maschinengewehr zu beschaffen, außerdem Handgranaten und selbst gefertigte Bomben. 800 Frauen und Männer machten sich bereit für einen Kampf, den sie für unausweichlich hielten, obwohl sie wussten, dass sie ihn nicht gewinnen würden. Sie bereiteten Bunker und andere Verstecke vor. Der Aufstand begann am 19. April 1943, dem Vorabend des Passah-Festes, als die Deutschen wieder einmal in das Ghetto eindrangen.

Obwohl die Deutschen und ihre Verbündeten gepanzerte Fahrzeuge benutzten, mussten sie auf Grund der Härte des Widerstandes ihre Taktik ändern. Sie begannen Artillerie und sogar Flugzeuge einzusetzen. Am siebten Tag des Ghetto-Aufstandes schrieb einer der Führer der Aufständischen, Mordechai Anielewicz: »Eine Sache ist klar. Das, was geschah, hat unsere größten Erwartungen übertroffen. Die Deutschen sind zweimal aus dem Ghetto geflohen. [...] Unsere Verluste sind minimal.«

Jetzt aber begannen die Deutschen damit, Haus für Haus in Brand zu setzen und alle Versteckten herauszutreiben, um sie sofort zu erschießen.

Die Kämpfe im Ghetto dauerten vier Wochen. Einer der überlebenden Widerständler schrieb: »Wir schlugen zurück, das machte es leichter, zu sterben, und unser Schicksal war leichter zu ertragen.«

»*Punkt 4 Uhr nachmittags wurde den Gruppen mitgeteilt, dass sie sich unmittelbar zur Garage begeben sollten, um Waffen zu bekommen. Rodak aus Plock war für die Verteilung verantwortlich. Alle, die kamen, um Waffen zu holen, mussten das Losungswort sagen: ›Tod!‹ Worauf die Antwort kam: ›Leben!‹, ›Tod – Leben‹, ›Tod – Leben‹ ... Die Worte wiederholten sich in rascher Folge und Hände streckten sich aus nach den Gewehren, Pistolen und Handgranaten. Gleichzeitig wurden die wichtigsten SS-Mörder im Lager überfallen. Der Befehlshaber Zelomir griff zwei SS-Wachen mit der Axt an und begab sich zu uns. Er übernahm das Kommando. Bei der Garage stand ein deutscher Panzerwagen. Rodak hatte rechtzeitig dafür gesorgt, dass er nicht anspringt. Jetzt verschanzt er sich hinter ihm, als er auf die Deutschen schießt. Seine Schüsse töten Sturmführer Kurt Meidlar und einige andere von Hitlers Schweinehunden. Sodowitz' Gruppe gelang es, das Waffenlager einzunehmen. Die Waffen wurden unter die Kameraden verteilt. Wir hatten jetzt zweihundert mit Waffen. Die anderen griffen die Deutschen mit Äxten, Spaten und Hacken an. [...] Die meisten von uns fielen, aber Deutsche fielen auch. Einige von uns überlebten.*«

STANISLAW KON, TEILNEHMER AM AUFSTAND
UND ÜBERLEBENDER DES VERNICHTUNGSLAGERS TREBLINKA[56]

Lied linke Seite:
Hirsch Glik (1920–1943) schloss sich 1943 den Untergrundkämpfern im Ghetto von Wilna an. Beeindruckt vom Aufstand im Warschauer Ghetto schrieb er das jiddische Lied Sog nit kejnmol!, *das zur Hymne der jüdischen Partisanen wurde.*

Aufstand in den Todeslagern

Unter allen Widerstandsversuchen waren die Aufstände in den Todeslagern die mutigsten und zugleich die aussichtslosesten. Die jüdischen Gefangenen wussten, dass die Deutschen sie nicht am Leben lassen würden. Sie konnten jederzeit ermordet werden. Jeder gelungene Fluchtversuch führte zu intensiven Hetzjagden. Trotzdem wurden drei Aufstände unternommen. In Treblinka im August 1943, in Sobibor im Oktober desselben Jahres und in Auschwitz-Birkenau im Oktober 1944.

In Treblinka begann der Aufstand am Nachmittag des 2. August. Einige Gefangene hatten es geschafft, an Waffen zu kommen, andere griffen die Wächter mit Äxten, Spaten oder bloßen Händen an. Mehrere der Lagergebäude wurden in Brand gesetzt. Im allgemeinen Durcheinander konnten viele der 700 Gefangenen fliehen. Die meisten wurden aber schon bald wieder ergriffen und getötet, weniger als 100 überlebten den Aufstand und dann den Krieg. Die Gaskammern waren noch zwei Wochen nach dem Aufstand in Betrieb, dann wurde das Lager geschlossen.

Der Aufstand in Sobibor war der am besten organisierte. Viele SS-Männer und ukrainische Helfer wurden dabei getötet. 320 der 550 Gefangenen, die sich an diesem Tag im Lager befanden, flohen. 170 von ihnen wurden bald wieder ergriffen und erschossen, nur 48 überlebten bis zum Kriegsende. Nach dem Aufstand wurde das Lager abgerissen.

Im Herbst 1944 nahm das Massenmorden in Auschwitz-Birkenau ab. Die überlebenden Sonderkommando-Angehörigen wussten, dass ihre Tage gezählt waren. Am 7. Oktober wurde das Krematorium Nr. 4 durch Sprengstoff, den einige weibliche Gefangene eingeschmuggelt hatten, zerstört. Soweit man weiß, gab es aber keine Überlebenden dieses Aufstands. Unmittelbar danach befahl Himmler die Zerstörung der restlichen Tötungsanlagen.

Deutscher ziviler Widerstand

NS-Deutschland war ein totalitärer Staat. Er verfolgte abweichendes Denken und systemkritische Äußerungen. Im Krieg wurden mehrere zehntausend »Fahnenflüchtige« und »Wehrkraftzersetzer« hingerichtet. Aber dennoch konnten gewöhnliche deutsche Bürger abweichen oder gar widerstehen. Es gab einige solcher Möglichkeiten. Und zumindest die

Die jugendlichen »Edelweiß-Piraten« entzogen sich der staatlich verordneten Hitlerjugend, passten sich nicht an und können deshalb auch als Oppositionsbewegung aufgefasst werden. Im November 1944 wurden in Köln viele Mitglieder der Gruppe gehängt. – Eines ihrer Lieder lautete:
»*In Köln sind viele gefallen,/ In Köln waren viele dabei.*
Und fallen noch Edelweiß-Piraten,/ Die bündische Jugend wird frei.«[57]

Wahl, an den Verbrechen nicht selbst teilzunehmen, stand allen offen: Polizisten, die sich weigerten, Massenerschießungen mitzumachen, wurden nur versetzt, Ärzte und Pfleger konnten Behinderte schützen und mussten nicht morden, Einheiten der Wehrmacht entzogen sich verbrecherischen Befehlen. Doch nur wenige machten diesen Schritt, obwohl diese Formen der Verweigerung nicht gefährlich waren. Die Geheime Staatspolizei (Gestapo) ging gegen aktiven Widerstand vor, aber sie war dabei meist abhängig von zehntausenden »Informationen« von gewöhnlichen Deutschen, die Nachbarn und Arbeitskollegen anzeigten.

Wie empfindlich die NS-Führung auf kritische Stimmungen in der deutschen Bevölkerung reagierte, zeigte sich zum Beispiel, als sie nach ersten öffentlichen Äußerungen von einzelnen Kirchenleuten den Behindertenmord zumindest offiziell abbrach. Gegen den Holocaust entstand eine solche Stimmung nicht.

In welchem Ausmaß das deutsche Volk von der Ermordung der Juden wusste, ist noch immer umstritten. Aber niemand kann bestreiten, dass es ein ungefähres Wissen und Ahnungen gab. Die Deportationen fanden öffentlich statt. Nachbarn erlebten sie mit. Auch die zahllosen Massenerschießungen in Osteuropa waren vielen bekannt, weil sie buchstäblich vor den Augen der Wehrmachtsoldaten stattfanden. Dennoch protestierten nur sehr wenige. Abweichendes Verhalten in den christlichen Kirchen war Sache Einzelner: Die innerhalb der evangelischen Kirche oppositionelle »Bekennende Kirche« zeigte sich überwiegend staatstreu. Aber einzelne Vertreter wie Bischof Wurms und 1943 auch eine Synode kritisierten die Mordprogramme der NS-Führung. Mehrere katholische Bischöfe und viele Pfarrer äußerten ihre Kritik von den Kanzeln. Die hohen Würdenträger ließ das Regime in Frieden, zahlreiche Pfarrer jedoch kamen in KZ-Haft oder bezahlten ihren persönlichen Mut mit dem Leben. – Die beiden großen Kirchen als Einrichtungen versagten, weil sie ihre christlichen Maßstäbe verleugneten.

Eine religiöse Gruppe, die sich nicht unterordnete und die schwere Verluste erlitt, waren die »Zeugen Jehovas«. Sie weigerten sich, den Treueeid auf Hitler zu leisten und Waffen zu tragen – auch im Angesicht des eigenen Todes! Tausende Zeugen Jehovas wurden ins Konzentrationslager gebracht, ungefähr ein Viertel von ihnen ermordet.

Jugendopposition gegen das Regime und den Zwang, in der Hitlerjugend mitzuwirken, zeigte sich zum Beispiel bei den so genannten »Edelweiß-Piraten«, die »wilde Cliquen« bildeten, oder den »Swing-Kids«, die nach verbotener amerikanischer Jazzmusik tanzten. Im Herbst 1944 schlug der NS-Staat gegen diese Gruppen zu. Viele der Anführer wurden gehängt.

Zwischen Juni 1942 und Februar 1943 existierte die »Weiße Rose« in München und anderen Städten. Es handelte sich um eine kleine Widerstandsgruppe, organisiert unter anderem von den Studenten Alexander Schmorell, Sophie und Hans Scholl und ihrem Professor Kurt Huber an der Münchner Universität. Sie verbreiteten Flugblätter, die den Nationalsozialismus verurteilten, und sie protestierten gegen die Massenmorde in Osteuropa. Ihre Tätigkeit wurde entdeckt und von der Gestapo aufgerollt. Schließlich verurteilten Gerichte die wichtigsten Angehörigen der »Weißen Rose« zum Tode. Alexander Schmorell schrieb in seinem letzten Brief: »Wir

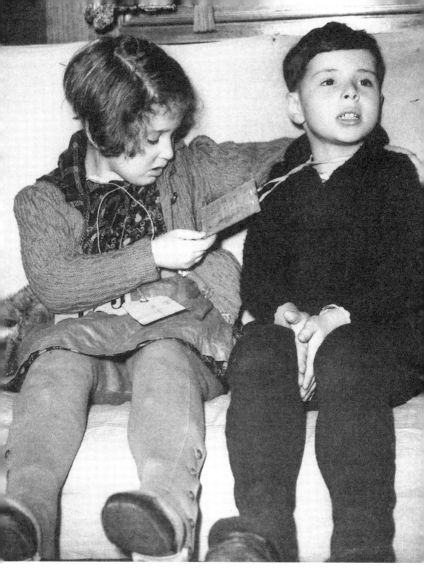

Zwei deutsch-jüdische Kinder bei der Ankunft in England 1938. Weil es für ganze Familien schwierig ist, eine Einreiseerlaubnis in andere Länder zu bekommen, fassen viele Eltern den schweren Entschluss, ihre Kinder allein ins sichere Ausland zu schicken. Nach der »Reichskristallnacht« werden in den Exilländern einige der harten Bedingungen für jüdische Flüchtlinge gelockert und besonders für Kinder Ausnahmen gemacht. Nur ganz selten finden die Familien nach dem Krieg wieder zusammen.

kämpften mit Hans gegen das deutsche Regime, wir wurden entdeckt und zum Tode verurteilt.«
Organisierter Widerstand gegen die NS-Herrschaft kam aus sozialdemokratischen, gewerkschaftlichen und kommunistischen Kreisen. Schon nach wenigen Jahren waren die Netze zerschlagen und die Teilnehmer ermordet, in Zuchthäuser oder Konzentrationslager gesperrt, andere ins Exil getrieben. Einzelne arbeiteten bis zum Ende im Widerstand weiter. Bürgerlich-nationalkonservativer und militärischer Widerstand bildeten sich erst während des Weltkrieges. – Einige dieser Verschwörer handelten, weil sie den Holocaust selbst erlebt hatten und zutiefst ablehnten, andere aber blieben durchaus antijüdisch gesinnt.

Einen großen Aufschrei oder massenhaftes Widerstehen hat der organisierte Mord an den europäischen Juden in Deutschland jedenfalls nicht ausgelöst.

Der Rosenstraßen-Protest

Einer der interessantesten Proteste gegen den NS-Staat ereignete sich im März 1943 in den Straßen Berlins, und zwar ganz offen. Das Regime hatte bis jetzt gezögert, jüdische Männer, die mit nichtjüdischen Frauen verheiratet waren, zu deportieren, weil man Proteste befürchtete. Aber die Anwesenheit von Juden in der Reichshauptstadt Berlin störte Propagandaminister und Gauleiter Joseph Goebbels. Er verlangte deshalb die Erfassung dieser letzten feststellbaren Berliner Juden. Die Befürchtungen der Nationalsozialisten erwiesen sich als zutreffend: Die Frauen der Festgenommenen trotzten Gestapo und SS und versammelten sich zu hunderten vor dem Gebäude in der Rosenstraße, in dem ihre 1 700 Männer gefangen gehalten wurden, um zu protestieren.

Eine der Demonstrantinnen war Charlotte Israel. Sie berichtete, was geschah: »Die Menschen schrien jetzt nicht mehr nur ›Gebt uns unsere Männer zurück!‹, sondern ›Ihr Mörder‹. Hinter den Maschinengewehren riss ein Mann den Mund groß auf. Vielleicht gab er ein Kommando. Ich habe es nicht gehört, es wurde übertönt. Dann geschah etwas Unerwartetes: Die Maschinengewehre wurden abgeräumt.«[58] – Die Proteste lohnten sich. Die meisten Frauen bekamen ihre Männer frei. Am Ende des Krieges machten Menschen, die in »Mischehen« verheiratet waren, 98 % der Juden aus, die in Deutschland überlebt hatten.

Der schwedische Diplomat Raoul Wallenberg an seinem Schreibtisch in Budapest. Mit seiner Ankunft im Juli 1944 gewinnt die schwedische Gesandtschaft neue Kraft für Rettungsmaßnahmen für die Juden in Budapest. Doktor L. Porszolt im schwedischen Uppsala schreibt am 25. Mai 1944 an das schwedische Außenministerium, nachdem seine Eltern von der schwedischen Gesandtschaft Hilfe erhalten haben:
»[...] erlaube ich mir hiermit, einen aufrichtigen Dank auszusprechen für die vorbehaltlose und schnelle Aktion des Königl. Außenministeriums und der schwedischen Gesandtschaft in Budapest. Eine Funktion wird der Schutzbrief auf jeden Fall erfüllen: nämlich die Besorgnis verringern und für meine Eltern eine moralische Stütze sein. Für Menschen, die sich in ihrer Lage befinden, muss das Gefühl, dass ein europäischer Staat hinter ihnen steht, einen Wert haben, der kaum geringer sein dürfte als der, den sie dem Leben selbst beimessen. [...]«[59]

Wallenberg wird im Januar 1945 von der Roten Armee gefangen genommen und kehrt nie nach Schweden zurück. Sein genaues Schicksal in sowjetischer Gefangenschaft bleibt bis heute unbekannt.

Die Zuschauer

Heute teilen Historiker die Beteiligten des Holocaust in drei Gruppen ein: Täter, Opfer und »Zuschauer«. Die letzte Gruppe ist in vielerlei Hinsicht aus moralischen Blickrichtungen die problematischste. Kritiker der »Zuschauer« des Holocaust haben deren Handeln und Nichthandeln als eine Form der Teilnahme benannt. Aber solche Bewertungen müssen mit großer Sorgfalt gefällt werden, denn es ist schwierig, jemanden zu verurteilen für Handlungen anderer und für ein Wissen, das er nicht voll erkannt hat.

Wir wissen, dass die, die »Zuschauer« genannt werden – in erster Linie die westlichen Demokratien –, viele dringende Bitten erhielten, den Juden zu helfen, und dass sie über einige genaue Berichte über den Holocaust verfügten. Hatten diese Staaten eine Verantwortung, Millionen Juden verschiedener Nationalität zu retten? Und wie hätten sie helfen können? Die Antworten waren in den 40er-Jahren nicht eindeutig. Es gab viele Meinungen und Haltungen.

Die Sowjetunion kämpfte um ihre Existenz und konnte wenig Hilfe anbieten. Die sowjetischen Juden

---

»*Die Schuld liegt bei den Nazis ... aber können wir uns schuldlos wähnen, wenn wir, in deren Macht es steht, etwas zur Rettung der Opfer zu unternehmen, es verabsäumen, das Notwendige zu tun und es schnell zu tun?*«

»*... falls sie* (die britische und amerikanische Regierung) *entschlossen wären, ein Rettungsprogramm auf die Beine zu stellen, das dem Umfang des Problems gerecht würde, [wären sie] in der Lage [...], dies zu tun.*«

GEORGE BELL,
BISCHOF VON CHICHESTER
(ENGLAND),
18. MAI 1943[60]

und jene, die hierher geflohen waren, wurden während des Krieges nicht ausgegrenzt. Das aber änderte sich anschließend wieder.
Die Rolle der christlichen Kirchen in Europa war zurückhaltend und unklar wie im Deutschen Reich selbst: Zum Beispiel halfen viele katholische Priester mit, jüdische Kinder zu verstecken und zu retten. Andere aber halfen nach dem Krieg Nationalsozialisten nach Südamerika zu fliehen. Der päpstliche Gesandte Angelo Rotta in Budapest half tausenden Juden, während der Priester Joseph Tiso in Slowakien zehntausende slowakische Juden in die Gaskammern schickte.
Eine Möglichkeit zur Rettung bedrohter Juden war dann gegeben, wenn sie die Staatsangehörigkeit von Ländern besaßen, zu denen Deutschland gute Beziehungen brauchte. Das galt für neutrale Staaten wie Schweden und die Schweiz sowie für Nationen, mit denen Deutschland verbündet war.
Schwedische Diplomaten erkannten das 1942 und übertrugen in der Praxis diese schützende Staatsangehörigkeit auch an nichtschwedische Juden. Außerdem nahmen sie an ständigen Verhandlungen mit deutschen Behörden in Norwegen, Dänemark, Ungarn, Deutschland und Frankreich teil. Dieses von außen gezeigte Interesse am Wohlergehen einzelner Juden bewirkte, dass man jene nicht mehr so behandelte, wie es sonst geschehen wäre. Schweden hatten besonderen Erfolg in Budapest, wo Ivan Danielsson, Per Anger, Lars Berg und Raoul Wallenberg ihren Status als neutrale Diplomaten nutzten, um zwischen 20 000 und 30 000 Juden zu schützen. Dieselbe Taktik wandten hier in Budapest auch Diplomaten der Schweiz, des Vatikanstaats, Spaniens und anderer Staaten an. – Dieses Verhalten haben Forscher »bürokratische Resistenz« genannt. Tatsächlich war das mutige Verhalten der Diplomaten lebensrettend für die Betroffenen. Andererseits unterhielt das neutrale Schweden weiter gute Beziehungen zum Deutschen Reich. Damit schützte es sich vor dem Krieg, machte aber auch gute Geschäfte. Und die Hilfsmaßnahmen retteten nur eine verhältnismäßig kleine Gruppe der europäischen Juden.
All diese widersprüchlichen Verhaltensweisen machen es schwer, allgemein gültige Urteile zu fällen. Die Rolle der »Zuschauer« bleibt heikel.

»Die Bevölkerung im Reich wusste so viel (vor allem über die Ermordung ihrer deutschen Mitbürger) und so wenig (zum Beispiel über die Ermordung der Zigeuner, der Zeugen Jehovas oder ihrer jüdischen Mitbürger), wie sie wissen **wollte***. Was man nicht wusste, das* **wollte** *man – aus verständlichen Gründen – nicht wissen. Etwas nicht wissen zu wollen, heißt jedoch stets, dass man genug weiß, um zu wissen, dass man nicht* **mehr** *wissen will.«*

J.P. STERN, ENGLISCHER HISTORIKER UND AUGENZEUGE[61]

Als die alliierten Streitkräfte am Kriegsende die Konzentrations- und Arbeitslager befreien, sind sie über das, was sie dort sehen müssen, so schockiert, dass sie die örtliche Bevölkerung oftmals zwingen, die zehntausenden von toten und ausgemergelten Körpern, die sie dort vorfinden, zu begraben. Auf dem Bild sieht man deutsche Zivilisten in Weimar, die die Überreste von KZ-Häftlingen durch die Stadt zum Begräbnisplatz tragen müssen.

»*Ich hatte bei meinen Eltern (die die Deutschnationale Volkspartei unterstützten) erlebt, dass man antisemitische Ansichten haben konnte, ohne dass dies das eigene Verhältnis zu einzelnen Juden beeinflusste. Man könnte glauben, dass es eine Spur von Toleranz in dieser Haltung gab, aber es ist genau diese Verwirrung, der ich die Schuld daran gebe, dass ich später vorbehaltlos ein unmenschliches politisches System unterstützte, ohne selbst an meiner eigenen Anständigkeit zu zweifeln. Indem man predigte, dass alles Elend aller Länder an den Juden lag, dass der jüdische Geist aufrührerisch wäre und alles jüdische Blut moralisch korrumpierend, wurde ich nicht gezwungen, an sie oder an den alten Herrn Lewy oder an Rosel Cohn zu denken: Ich dachte nur an das Hirngespinst ›der Jude‹.*

Und als ich hörte, dass Juden gezwungen wurden, ihren Arbeitsplatz und ihr Heim zu verlassen, und dass man sie in Ghettos einsperrte, sortierte mein Kopf das automatisch um, damit der Gedanke nicht aufkam, dass ein solches Schicksal sie oder den alten Herrn Lewy treffen könnte. Es war nur ›der Jude‹, der verfolgt und ›unschädlich‹ gemacht wurde.«

MELITA MASCHMANN, FÜHRERIN IM BUND DEUTSCHER MÄDEL, BDM, IN DER HITLERJUGEND[62]

Links: Wien 1938: Demütigung eines jüdischen Jungen. Er wird unter Aufsicht eines NS-Aktivisten gezwungen, ein »jüdisches Gebäude« zu kennzeichnen.

Unfreiwillige Zeugen des Völkermordes

Von den ersten Tagen der deutschen Besetzung Polens an bildeten Gewalt, Brutalität und Grausamkeiten einen Teil des Alltages. Die Schäden, die NS-Deutschland dem polnischen Volk zufügte, waren gewaltig. Die polnische Nation spürt die Folgen bis auf den heutigen Tag. Die Polen waren zudem gezwungen, den Völkermord an den Juden in ihrem eigenen Land zu bezeugen und teilweise auch persönlich mitzuerleben. Nur wenige arbeiteten mit den Nationalsozialisten intensiv zusammen. Aber es kam oft vor, dass Polen flüchtige Juden den Behörden meldeten oder dafür Geld nahmen, sie zu verstecken, nur um sie später zu verraten. Andererseits setzten sich tausende Polen großen Gefahren für ihr eigenes Leben und das ihrer Familien aus, indem sie jüdischen Nachbarn halfen. Der polnische Widerstand gründete eine besondere Gruppe (Zegota), deren einzige Aufgabe es war, Juden zu retten.

Das polnisch-jüdische Verhältnis war vor dem Krieg kompliziert und gekennzeichnet von Misstrauen und Feindseligkeiten von beiden Seiten. Polnische Juden wurden auf vielerlei Art ausgegrenzt. Dennoch kam es später vor, dass sogar polnische Antisemiten Juden halfen. Vielleicht taten sie es aus religiösen Gründen oder deshalb, weil sie Nachbarn waren. Und: Außer Juden und Sinti und Roma hatte kein anderes Volk im Zweiten Weltkrieg mehr zu leiden als die Polen. – Der gemeinsame Feind machte mitunter ein Zusammengehen möglich. Diese Erfahrung verhinderte aber nicht, dass jene polnischen Juden, die den Holocaust überlebten – 300 000 von ehemals drei Millionen –, vielerorts mit Feindseligkeit und Kälte aufgenommen wurden, als sie nach Hause zurückkehrten: Es gab wieder Pogrome und Misshandlungen von Juden. Viele flohen daher aufs Neue. – Heute beginnen jüngere Polen sich für die jüdische Geschichte ihres Landes zu interessieren, für die leeren Gebetshäuser und die verlassenen Friedhöfe. Aber die Juden sind fort.

Ich dachte an Campo di Fiori
In Warschau an einem Abend
Im Frühling vor Karussellen
Bei Klängen lustiger Lieder.
Der Schlager dämpfte die Salven
Hinter der Mauer des Gettos,
Und Paare flogen nach oben
weit in den heiteren Himmel.

Der Wind trieb zuweilen schwarze
Drachen von brennenden Häusern,
Die Schaukelnden fingen die Flocken
Im Fluge aus ihren Gondeln.
Der Wind von den brennenden Häusern
Blies in die Kleider der Mädchen,
Die fröhliche Menge lachte
Am schönen Warschauer Sonntag.

Vielleicht wird jemand hier folgern,
Das Volk von Rom oder Warschau
Handele, lache und liebe
Vorbei an den Scheiterhaufen;
Ein andrer vielleicht die Kunde
Von der Vergänglichkeit dessen
Empfangen, was schon vergessen,
Bevor die Flamme erloschen.

Ich aber dachte damals
An das Alleinsein der Opfer.

CZESLAW MILOSZ, CAMPO DI FIORI[63]

Eine polnische Schulklasse
Die Polin Cecylia Przylucka, selbst Schülerin der Klasse, berichtet über ihre jüdischen Schulkameraden und deren Schicksal:
»Schau dir die Kinder auf dem Bild mit einem Vergrößerungsglas an. Es sind Kinder der Klasse 5a in der Stadt Kozowo in Podolien. Sie freuen sich, dass die Schulferien bald beginnen werden.

Als ich zum ersten Mal zur Schule ging, bat mein Vater darum, dass ich zwischen den jüdischen Kindern sitzen durfte. Er sagte stets: ›Juden sind kluge Menschen – auf sie soll man hören.‹ Vielleicht freundete ich mich deshalb so gut mit ihnen an: am besten mit Rosa und Klara, die mitten im Klassenzimmer saßen. Rosa war ernst. Sie pflegte Zöpfe mit Kringeln und Rosetten an den Ohren zu tragen. Sie war die Beste in Mathematik und half den anderen bei den Aufgaben. Wenn wir Ausflüge machten, hatte sie stets knusprige Brötchen für alle Schüler dabei. Ihre Eltern führten eine Bäckerei. Neben ihr saß Klara und sie waren unzertrennlich. Klara hatte gekräuseltes Haar mit kurzen Zöpfen. Sie genoss es, die anderen durch ihre Kommentare zum Lachen zu bringen. In der Klasse gab es noch eine Klara, sehr schüchtern, fleißig und nett. Sie steht an der Wand unter der Karte. Neben ihr steht Mosio mit dem doppelt gefalzten weißen Kragen. Er trug stets ein solches Hemd. Er saß oft den

Kopf auf den Arm gelehnt und dachte nach. Dann pflegte der Lehrer zu sagen: ›Mosio, ich bin sicher, dass du die Antwort schon weißt.‹ Und tatsächlich – er wusste sie. Sonia, ganz hinten links, war ganz Kind, sehr wohlerzogen und hübsch. Sie ging tanzend und singend zum Unterricht. Dann gab es Sara (ganz rechts) mit kupferrotem Haar. Sie war schüchtern und hatte Schwierigkeiten mit dem Polnischen. Dann waren da noch ein weiteres Mädchen und ein Junge, an deren Namen ich mich nicht erinnere.

Als die Deutschen kamen, wurden die jüdischen Kinder auf diesem Bild und aus der ganzen Schule ermordet. Auch ihre Eltern, Geschwister und Verwandten.

Die Deutschen brachten sie hinaus in die Steinbrüche und erschossen sie. Auf diese Weise kam ein Drittel der Einwohner der Stadt um. Vier Juden überlebten. Ein Vater und sein Sohn versteckten sich im Sumpfgebiet draußen vor der Stadt und meine Mama beschützte Szumc und ihren Verlobten. Sie versteckte sie in unserem Keller anderthalb Jahre lang und gab ihnen zu essen. Sie erzählte es nicht einmal unserem Vater. Und im Keller überlebten sie die Tragödie: Sie bekamen ein Kind, aber es war eine Todgeburt. Das Kind mussten sie neben sich begraben. Das erfuhren wir erst nach der Befreiung.«[64]

Die Demokratien schließen die Türen

Die brutale Verfolgung der Juden in Deutschland unter dem NS-Regime wirkte auf die Menschen in den westlichen Demokratien verwirrend. Die humanistischen Traditionen in vielen Ländern gerieten in Konflikt mit dem eigenen aufflackernden Antisemitismus. Viele wollten den Menschen in der Not helfen, doch gleichzeitig wurden die Türen geschlossen gehalten aus Furcht, tausende Juden hereinzulassen. Nur wenige Politiker prangerten tief verwurzelte Vorurteile an. Zahlreiche Stimmen forderten, den deutschen Juden zu helfen. Doch nur wenige schritten vom Wort zur Tat.

So handelte beispielsweise auch die Regierung des neutralen Schweden. Im Februar 1939 erkannte Siegfried Hansson, Direktor im Sozialministerium: »Wir können uns nicht an unsere Brust schlagen und sagen, dass wir den Flüchtlingen auf solche Weise geholfen haben, dass man von offenen Armen sprechen kann. Wir waren mit der Erteilung von Aufenthaltserlaubnissen für Fremde, die sich vor Verfolgung und Terror hierher zu flüchten suchten, nicht besonders großzügig.«

Im Herbst 1942 gelangten immer

mehr Nachrichten über den Völkermord ins Ausland und es wuchs der Druck auf die Alliierten, zu handeln. Doch weiterhin wurde fast nichts getan. Als die amerikanische Regierung schließlich eine Organisation bildete, die »Warrefugee-board«, die Juden helfen sollte, protestierte die britische Regierung sogar und nannte diese Initiative einen Propagandatrick. Trotz gewisser Erfolge dieser Organisation haben einige Historiker die amerikanische Reaktion auf den

Kein Zufluchtsort

Jüdische Flüchtlinge auf dem Schiff »St. Louis«, nachdem es gezwungen worden ist, nach Europa zurückzukehren. Am 13. Mai 1939 verlassen rund 1 000 jüdische Flüchtlinge Hamburg mit dem deutschen Schiff »St. Louis«. Ihr Ziel ist Kuba, doch dort werden sie nicht an Land gelassen. Der Versuch, einen Zufluchtsort in den USA zu finden, misslingt ebenso. Etwa einen Monat später müssen sie nach Antwerpen zurückfahren, wo sie am 17. Juni ankommen. Auch wenn einige Exil in England finden, landen die meisten in deutschen Händen – und schließlich in einem Tötungslager.

Holocaust als »Präsident Roosevelts größten Misserfolg« bezeichnet. Roosevelts Verteidiger heben dagegen mit gewissem Recht hervor, dass die beste Art und Weise, den europäischen Juden zu helfen, die gewesen sei, den Krieg so schnell wie möglich militärisch zu beenden.

Dennoch meinen viele, dass die schwache Reaktion der liberalen westlichen Demokratien auf den Holocaust ein großer »Misserfolg der Demokratien« gewesen ist.

»Wir hörten auf zu arbeiten und die deutschen Soldaten und Zivilisten sprangen in die Schutzräume. Die meisten von uns taten das nicht. Vermutlich drückten wir auf diese Weise unser Gefühl von Überlegenheit und eine Art Rache aus. Wir hatten nichts zu verlieren, wir hofften sogar, zu erleben, wie die große Fabrik, die wir für die I.G. Farben Industrie bauten, zerstört wird. Das war ganz natürlich. Dieses Gefühl der Freude verschwand nicht, als die Amerikaner mit den Bombardierungen begannen und auch wir von Verlusten – Verwundeten und Toten - betroffen waren. Wie schön war es, eine Flugzeugstaffel nach der anderen am Himmel auftauchen zu sehen, Bomben abwerfend, Gebäude zerstörend und auch jene tötend, die dem Herrenvolk angehörten.
Das Bombardement stärkte unsere Moral und weckte – paradoxerweise – wahrscheinlich eine Hoffnung, dass wir überleben und aus dieser Hölle fliehen könnten. In unserer wilden Phantasie sahen wir auch einen Zusammenhang zwischen den Alliierten und der sehr kleinen Untergrundbewegung in unserem Lager, zu der ich Kontakt hatte.

Wir dachten zugleich an Verwüstung und Flucht; Verwüstung von oben durch die Bomber, aber auch durch uns selbst, während wir flohen, sogar wenn wir dazu menschliche Bomben sein müssten – und dabei getötet würden.
Leider geschah all dies nie.«

SHALOM LINDENBAUM, ÜBERLEBENDER VON AUSCHWITZ-MONOWITZ

Die unterlassene Bombardierung von Auschwitz

Die umfangreichen Deportationen von Ungarn durch die Slowakei nach Auschwitz zwischen Mai und Juli 1944 fanden buchstäblich vor den Augen der Weltöffentlichkeit statt. Viele Organisationen und Einzelpersonen forderten von der amerikanischen und britischen Regierung, dass sie etwas unternehmen sollten, um die Transporte zu beenden. Insbesondere bat man darum, das zu dieser Zeit schon berüchtigte Tötungslager Auschwitz-Birkenau zu bombardieren oder die Eisenbahnlinien dorthin zu zerstören.

Der Krieg war in seine letzte Phase getreten und die alliierten Luftwaffen kontrollierten jetzt den europäischen Luftraum. Amerikanische Bombenflugzeuge flogen aus Italien fast täglich über dieses Gebiet und kamen dabei auch in die Nähe des Lagers. Aber aus einer Reihe von Gründen weigerten sich die Alliierten, auf die verzweifelten Forderungen einzugehen. Einige Erklärungen, die offizielle Stellen während des Krieges abgaben, klingen fast spöttisch. So antwortete der britische Staatssekretär Richard Law dem jüdischen Vertreter Chaim Weizmann erst Monate nach dem Hilferuf im September 1944: »Der Luftwaffenstab hat die Frage sehr sorgfältig geprüft, aber ich muss Ihnen leider mitteilen, dass wir mit Hinblick auf die großen technischen Schwierigkeiten bei einer solchen Aktion keine andere Wahl haben, als in der augenblicklichen Lage Ihren Vorschlag abzulehnen.«[66] Einige Historiker haben betont, dass hierbei Gleichgültigkeit eine gewisse Rolle spielte. – Die Bewertung ist bis auf den heutigen Tag umstritten. Aber die Tatsache bleibt: Es wurde von außen zu keinem Zeitpunkt der Versuch unternommen, den Weg der Juden in die Gaskammern zu unterbrechen.

Lehren aus dem Holocaust?

Die französische Schriftstellerin Charlotte Delbo, die selbst als politische Gefangene in Auschwitz-Birkenau war, hat den bodenlosen Abgrund, als den sie die Lagerwelt der Nationalsozialisten erlebte, beschrieben. Sie ermahnt uns, diese unvorstellbare Welt genau zu betrachten, ohne mit dem Blick auszuweichen, und den Versuch zu unternehmen, »zu verstehen«, obwohl man es nicht verstehen kann.

Die unendliche Grausamkeit und Bösartigkeit des Holocaust bildet eine fundamentale Herausforderung für unsere Fähigkeit, Lehren aus der Vergangenheit zu ziehen. Die während des Zweiten Weltkrieges angerichteten Zerstörungen übersteigen unser Fassungsvermögen. Und dieser Krieg hatte zwei Seiten. Er war auf der einen Seite ein »konventioneller« Krieg. Millionen Menschen verloren in diesem Krieg, der vorwiegend im Westen geführt wurde, ihr Leben. Die andere Seite, im Osten, war neu und deshalb besonders: Hier wurde ein rassistischer »Lebensraumkrieg« geführt. Mit ihm eng verflochten war der Holocaust, der Hauptkampf der Nationalsozialisten. Das Ziel lautete, alle europäischen Juden zu ermorden und eine jüdische Zukunft in Europa für alle Zeit zu verhindern. Den »konventionellen« Krieg verlor das nationalsozialistische Deutschland. Der Judenmord und das kulturelle Zerstörungswerk aber waren fast vollendet. Das beeinflusst die Geschichte Europas und seine Entwicklung für alle Zukunft – und zwar auf sehr negative Weise.

Wir wissen viel über den Völkermord an den Juden. Das »Wie« ist lange Zeit eine der wichtigsten Fragen der Forschung gewesen. Aber die Frage des »Warum« – warum beispielsweise 90 % der jüdischen Kinder in Europa sterben mussten –, das ist uns heute noch genauso unerklärlich, wie es den Opfern damals war. Es gibt Menschen, die annehmen, dass wir das »Warum« niemals verstehen werden, dass ein Verstehen des Holocaust für alle Zukunft außerhalb des menschlichen Fassungsvermögens liegen wird.

Auch wenn wir vieles nicht verstehen können: Die Verbrechen des Holocaust zu verneinen oder sich nicht darum zu kümmern bedeutet eine große Gefahr für unsere gemeinsame Zukunft.

Der Schriftsteller Primo Levi schrieb: »Es ist nicht leicht oder angenehm, in diesem Abgrund des Bösen zu graben. [...] Man ist versucht, sich erschaudert abzuwenden und sich zu weigern, zu sehen und zu hören: Das ist eine Versuchung, der man widerstehen muss.«[67] Wir mögen uns noch so sehr wünschen, dass es dieses schreckliche Geschehen nicht gegeben hätte. Aber den Holocaust gab es, und er wird für alle Zeit ein Teil des europäischen Erbes sein.

Für den Historiker Omer Bartov ist das Erschreckendste »die Unmöglichkeit, aus der Vernichtung Lehren zu ziehen«. Die »völlige Sinnlosigkeit der Vernichtung, ihre vollständige und totale Leere« lassen alle Fragen nach Lehren daraus müßig erscheinen.[68]

Das ist ein starkes Argument. Der Holocaust ist ein schwarzes Loch in der modernen Weltgeschichte und in der Geschichte Europas. Aber man sollte zumindest begreifen, dass er deshalb geschehen konnte, weil Menschen wie du und ich sich entschieden, einen Massenmord zu planen und während vieler Jahre auch auszuführen. Sie hätten eine andere Wahl treffen können. Sie hätten es tun müssen. Und andere hätten deutlicher kritisieren und den Opfern mehr helfen können.

Deshalb wird es immer die Verantwortung der Eltern, Lehrer, Politiker und aller Erwachsenen bleiben, Kinder und Heranwachsende zu lehren, dass es immer eine gute Wahl gibt. Sie kann aber nur gelingen, wenn man weiß und einsieht, wohin eine schlechte Wahl führen kann.

Deshalb: Erzählt es euren Kindern!

»Diese Verbrechen haben wegen der schockierenden Anzahl ihrer Opfer kein Gegenstück. Was sie noch schockierender und unvergleichlicher macht, ist die große Zahl von Menschen, die sich zusammentaten, um sie zu begehen, [...] sie entwickelten einen Wettbewerb in Grausamkeit und Verbrechen.«

ROBERT H. JACKSON, AMERIKANISCHER HAUPTANKLÄGER BEIM NÜRNBERGER KRIEGS-VERBRECHERPROZESS[69]

O ihr Wissenden
wusstet ihr, dass Hunger die Augen glänzen lässt
	dass Durst sie trübt
O ihr Wissenden
wusstet ihr, dass man seine Mutter tot sehen und keine
Tränen haben kann
O ihr Wissenden
wusstet ihr, dass man morgens sterben will und abends
Angst hat
O ihr Wissenden
wusstet ihr, dass ein Tag länger dauert als ein Jahr
eine Minute länger als ein Leben
O ihr Wissenden
wusstet ihr, dass Beine zerbrechlicher sind als Augen
Nerven härter als Knochen
das Herz widerstandsfähiger als Stahl
Wusstet ihr, dass die Steine am Weg nicht weinen,
dass es nur ein Wort für Entsetzen gibt
nur ein Wort für Angst
Wusstet ihr, dass das Leiden keine Schranke kennt
der Schrecken keine Grenze
Wusstet ihr es
ihr Wissenden

CHARLOTTE DELBO[70]

Dokumentation

Weiterführende Literatur

Arendt, Hannah: Eichmann in Jerusalem. Ein Bericht von der Banalität des Bösen, Reinbek 1978. Als Taschenbuch erschienen bei Serie Piper.

Bastian, Till: Auschwitz und die »Auschwitz-Lüge«. Massenmord und Geschichtsfälschung, 5. erweiterte und aktualisierte Aufl. München 1997. Als Taschenbuch erschienen bei Beck'sche Reihe.

Benz, Wolfgang, Hermann Graml und Hermann Weiß (Hrsg.): Enzyklopädie des Nationalsozialismus, 3. Aufl. Stuttgart 1998. Als Taschenbuch erschienen bei dtv.

Benz, Wolfgang: Der Holocaust, München 1995.

Browning, Christopher: Ganz normale Männer. Das Reserve-Polizeibataillon 101 und die »Endlösung« in Polen, Reinbek 1993. Als Taschenbuch erschienen bei rororo.

Buchheim, Hans u.a.: Anatomie des SS-Staates, 2 Bde., Olten u. Freiburg 1965. Als Taschenbuch erschienen bei dtv.

Dwork, Deborah: Kinder mit dem gelben Stern, München 1994.

Graml, Hermann: Reichskristallnacht. Antisemitismus und Judenverfolgung im Dritten Reich (Deutsche Geschichte der neuesten Zeit vom 19. Jahrhundert bis zur Gegenwart), München 1988. Als Taschenbuch erschienen bei dtv.

Hilberg, Raul: Die Vernichtung der europäischen Juden. Die Gesamtgeschichte des Holocaust, Berlin 1982. Als Taschenbuch erschienen bei Fischer.

Im Warschauer Ghetto. Das Tagebuch des Adam Czerniakow 1939-1942, München 1986.

Klee, Ernst u.a.: Schöne Zeiten. Judenmord aus der Sicht der Täter und Gaffer, Frankfurt/M. 1988.

Knopp, Guido: Hitlers Helfer – Täter und Vollstrecker, München 1998. Als Taschenbuch erschienen bei Goldmann.

Rogasky, Barbara: Der Holocaust – Ein Buch für junge Leser, Berlin 1999.

Levi, Primo: Ist das ein Mensch? Erinnerungen an Auschwitz, Frankfurt/M. 1979.

Schoenberner, Gerhard: Der gelbe Stern – Die Judenverfolgung in Europa 1933 – 1945. Erstmals erschienen Hamburg 1960. München 1978. Als Taschenbuch erschienen bei btb.

Steininger, Rolf (Hrsg.): Der Umgang mit dem Holocaust. Europa – USA – Israel, Wien/Köln/Weimar 1994.

Erzählende und berichtende Literatur für Jugendliche und ihre Eltern

Abraham, Peter: Piepheini, München 1996.

Anne Frank Tagebuch, Fassung von Otto H. Frank und Mirjam Pressler, Frankfurt/M. 1991.

David, Janina: Ein Stück Himmel; Ein Stück Erde; Ein Stück Fremde, 3 Bde., München 1995. Als Taschenbuch erschienen bei Droemer-Knaur.

Erben, Eva: Mich hat man vergessen. Erinnerungen eines jüdischen Mädchens, Weinheim 1996. Als Taschenbuch erschienen bei Gulliver.

Ganor, Niza: Wer bist du, Anuschka? Die Überlebensgeschichte eines jüdischen Mädchens, München 1996. Als Taschenbuch erschienen bei btb.

Hendriks, Tineke: Jan mit dem gelben Stern. Stuttgart 1995. Als Taschenbuch erschienen bei Omnibus.

Das Ghettotagebuch des Dawid Sierakowiak. Aufzeichnungen eines Siebzehnjährigen 1941/42, Leipzig 1993.

Keneally, Thomas: Schindlers Liste, München 1994. Als Taschenbuch erschienen bei Omnibus.

Kertész, Imre: Roman eines Schicksallosen, Berlin 1996. Als Taschenbuch erschienen bei rororo.

Klüger, Ruth: Weiter leben. Eine Jugend, München 1994. Als Taschenbuch erschienen bei dtv.

Leitner, Isabella: Isabella. Fragmente ihrer Erinnerung an Auschwitz, Ravensburg 1993. Als Taschenbuch erschienen bei RTB.

Meerbaum-Eisinger, Selma: Ich bin in Sehnsucht eingehüllt. Gedichte eines jüdischen Mädchens an seinen Freund. Frankfurt/M. 1997. Als Taschenbuch erschienen bei Fischer.

Orgel, Doris: Der Teufel in Wien – Freundschaft im Schatten der Diktatur, München 1980. Als Taschenbuch erschienen bei Omnibus.

Orlev, Uri: Die Bleisoldaten, Weinheim 1999.

Pausewang, Gudrun: Reise im August, Ravensburg 1996. Als Taschenbuch erschienen bei RTB.

Pressler, Mirjam: Ich sehne mich so. Die Lebensgeschichte der Anne Frank, Weinheim 1995. Als Taschenbuch erschienen bei Gulliver.

Rabinovici, Schoschana: Dank meiner Mutter, Frankfurt/M. 1994. Als Taschenbuch erschienen bei Fischer.

Steinbach, Peter: Nächste Woche ist Frieden, München 1995.

Vos, Ida: Wer nicht weg ist, wird gesehen; Tanzen auf der Brücke von Avignon; Anna gibt es doch, Frankfurt/Aarau 1996, 1992, 1988.

Zitat-Quellennachweise

Autoren, Übersetzer und Verlag haben sich bemüht, Urheber ausfindig zu machen, zu benennen und gegebenenfalls erforderliche Genehmigungen einzuholen. Sollte sich ein Urheber oder Rechteinhaber wider Erwarten in seinen Rechten verletzt fühlen, möge er sich bitte an den Verlag wenden. Soweit nicht anders vermerkt, sind die Quellen von den Übersetzern ins Deutsche übertragen worden.

[1] Houston St. Chamberlain: The Foundations of the Nineteenth Century, vol. 1, London 1911, S. 269. Der Engländer Chamberlain war einer der einflussreichsten völkischen Publizisten. Er propagierte die »Reinigung« des Christentums von jüdischen Elementen, kulturschöpferisch seien einzig die Germanen.

[2] Aus J. Stare: Judiska gårdfarihandlare i Sverige, Stockholm 1996, S. 41.

[3] Aus Max von der Grün: Wie war das eigentlich? Kindheit und Jugend im Dritten Reich, Darmstadt u. Neuwied 1979, S. 101.

[4] Ebenda, S. 89.

[5] Reichsgesetzblatt I 1936, S. 993.

[6] Gesetz- und Verordnungsblatt für den Freistaat Bayern, 1926, S. 359.

[7] Aus Hans-Georg Stümke: Homosexuelle in Deutschland. Eine politische Geschichte, München 1989, S. 115.

[8] Aus Hermann Graml: Reichskristallnacht. Antisemitismus und Judenverfolgung im Dritten Reich, München 1988, S. 259.

[9] Ebenda, S. 256 f.

[10] Hilma Geffen-Ludomer, Lore Gang-Salheimer, Martha Appel zit. nach Saul Friedländer: Das Dritte Reich und die Juden. Erster Band: Die Jahre der Verfolgung 1933-1939, München 1998, S. 51.

[11] Erhellend hierzu ein Artikel in »Zentralblatt für Bibliothekswesen«, Nr. 55, 1938, S. 407.

[12] Aus Y. Rudashevski: The Diary of the Vilna Ghetto, Ghetto Fighters' House, Israel 1973, S. 31.

[13] Emmanuel Ringelblum: Notes from the Warsaw Ghetto. The Journal of Emmanuel Ringelblum (red. J. Sloan), New York 1974, S. 73.

[14] Aus Ch. Kaplan / A. Katsh: Buch der Agonie: Das Warschauer Tagebuch des Chaim A. Kaplan.

[15] Ringelblum, S. 167.

[16] Aus Ella Liebermann-Shiber: Am Rande des Abgrunds, Frankfurt/M. 1997, S. 48.

[17] Zitiert nach Y. Arad e.a.: Documents on the Holocaust, Yad Vashem 1981, S. 453 f.

[18] Aus Adina Blady Szwajger: Die Erinnerung verlässt mich nie. Das Kinderkrankenhaus im Warschauer Ghetto und der jüdische Widerstand, München/Leipzig 1993, S. 44.

[19] Aus Susan Zuccotti: The Holocaust, The French, and the Jews, New York 1993, S. 115.

[20] Robert Ley: Schmiede des Schwertes, München 1942, S. 231.

[21] Gerhard Schoenberner: Der gelbe Stern. Die Judenverfolgung in Europa 1933 bis 1945, Hamburg 1960, S. 104.

[22] Halina Birenbaum: Die Hoffnung stirbt zuletzt, Oswiecim 1993, S. 37-39.

[23] Friedländer, S. 205.

[24] Aus Helmut Krausnick: Wo sind sie hingekommen? Der unterschlagene Völkermord an den Sinti und Roma, Gerlingen 1995, S. 97.

[25] Calel Perechodnik: Bin ich ein Mörder? Das Testament eines jüdischen Ghetto-Polizisten, Lüneburg 1997, S. 82 f.
[26] Aus I. Lomfors: Breven från Hertha, Göteborg 1987, S. 81.
[27] Aus C. Rittner & S. Myers: The Courage to Care, New York 1986, S. 43.
[28] Therese Müller: Från Auschwitz till Günskirchen, Kristianstad 1993, S. 68 f.
[29] Aus H. Schiff: Holocaust Poetry, London 1995, S. 180.
[30] Charlotte Delbo: Auschwitz und danach. Trilogie, Band I: Keine von uns wird zurückkommen. Aus dem Französischen von Eva Groegler und Elisabeth Thielicke. Basel; Frankfurt/M. 1990.
[31] Herman Sachnowitz: Auschwitz – Ein norwegischer Jude überlebte. Von Arnold Jacoby geschrieben. Frankfurt/Wien/Zürich 1981, S. 78 f.
[32] Aus Paul A. Levine: From Indifference to Activism: Swedish Diplomacy and the Holocaust, 1938-1944, Uppsala 1996, S. 275.
[33] Der Prozess gegen die Hauptkriegsverbrecher, Bd. 29, S. 145-146, Dok. PS 1919.
[34] Aus Michael Burleigh: Death and Deliverance. ›Euthanasia‹ in Germany c. 1900-1945, Cambridge Mass. 1994, S. 119.
[35] Aus: Der Prozess gegen die Hauptkriegsverbrecher, Bd. 26, S. 166 f., Dok. 95-615.
[36] Bei Ernst Klee u.a. (Hrsg.): »Schöne Zeiten«. Judenmord aus der Sicht der Täter und Gaffer, Frankfurt/M. 1988, S. 57.
[37] Avraham Tory: Surviving the Holocaust. The Kovno Ghetto Diary, ed. by Martin Gilbert, Cambridge Mass., London 1990, S. 49.
[38] Aus Schoenberner, S. 87.
[39] Aus Schoenberner, S. 84.
[40] Aus Schoenberner, S. 83.
[41] Der Prozess gegen die Hauptkriegsverbrecher, Bd. 26, S. 103-105, Dok. PS 501.
[42] Hierzu Claude Lanzmann: Shoah, 2. Aufl. Düsseldorf 1986, S. 87-89, 141-144.
[43] Aus James M. Glass: »Life Unworthy of Life«. Racial Phobia and Mass Murder in Hitler's Germany, New York 1997, S. 123.
[44] Christopher Browning: Ganz normale Männer. Das Reserve-Polizeibataillon 101 und die »Endlösung« in Polen, Hamburg 1993, S. 13.
[45] Aus Gitta Sereny: Am Abgrund: Gespräche mit dem Henker. Franz Stangl und die Morde von Treblinka. München 1995, S. 100 f.
[46] Aus Daniel J. Goldhagen: Hitlers willige Vollstrecker. Ganz gewöhnliche Deutsche und der Holocaust, Berlin 1996, S. 348.
[47] Aus J. Beszwinska u. D. Czech (Hrsg.): Auschwitz in den Augen der SS, Warschau 1992, S. 153 f.
[48] Aus Delbo, S. 16.
[49] Aus: Inmitten des grauenvollen Verbrechens. Handschriften von Mitgliedern des Sonderkommandos, Hrsg. Staatliches Museum Auschwitz-Birkenau, Oswiecim 1996, S. 250 f.
[50] Primo Levi: Die Untergegangenen und die Geretteten. Zitiert nach: The Drowned and the Saved, London 1989, S. 36 f.
[51] Aus Delbo, S.13. Übersetzt von Elisabeth Thielicke. Mit freundlicher Genehmigung des Stroemfeld Verlags, Basel; Frankfurt/M.
[52] Aus Claude Lanzmann: Shoah, 2. Aufl. Düsseldorf 1986, S. 261-264.
[53] Aus Arad: Documents on the Holocaust, Yad Vashem 1981, S. 303.

[54] Aus F. Piper & T. Swiebocka (red.): Auschwitz. Nazi Death Camp, Oswiecim 1996, S. 199.
[55] Aus N. Tec: Defiance. The Bielski Partisans, Oxford 1993, S. 3 f.
[56] Aus Lena Yahil: The Holocaust: The Fate of European Jewry, Oxford 1987, S. 484.
[57] Aus Detlev Peukert: Die Edelweißpiraten. Protestbewegungen jugendlicher Arbeiter im Dritten Reich, Köln 1980, S. 51.
[58] Aus Nathan Stoltzfus: Widerstand des Herzens. Der Aufstand der Berliner Frauen in der Rosenstraße – 1943, München 1999, S. 326.
[59] Aus P. A. Levine: From Indifference to Activism, S. 269.
[60] Aus Martin Gilbert: Auschwitz und die Alliierten, München 1982, S. 161.
[61] J. P. Stern: Hitler, Der Führer und das Volk, München 1978, S. 207.
[62] Aus J. Noakes & G. Pridham: Nazism 1919-1945, vol. 2, Exeter 1984, S. 544 f.
[63] Czeslaw Milosz: Gedichte 1933-1981, 2. Aufl. Frankfurt/M. 1995. Aus dem Polnischen von Karl Dedecius. Mit freundlicher Genehmigung des Suhrkamp Verlags, Frankfurt/M.
[64] Aus G. Tencer (red.): And I still see their Faces, Warszawa 1996, S. 138.
[65] Aus R. Rubenstein: Förintelsens lag, Stockholm 1980, S. 27.
[66] Aus M. Gilbert: Auschwitz and the Allies. The Politics of Rescue, Feltham 1983, S. 315.
[67] Aus Primo Levi, S. 36 f.
[68] Omer Bartov: Murder in our Midst: The Holocaust, Industrial Killing and Representation, New York 1996, S. 89.
[69] Aus Lena Yahil: The Holocaust, S. 654.
[70] Aus Delbo, S. 18. Übersetzt von Elisabeth Thielicke. Mit freundlicher Genehmigung des Stroemfeld Verlags, Basel; Frankfurt/M.

Bild-Quellennachweise

Autoren, Übersetzer und Verlag haben sich bemüht, Urheber ausfindig zu machen, zu benennen und gegebenenfalls erforderliche Genehmigungen einzuholen. Sollte sich ein Urheber oder Rechteinhaber wider Erwarten in seinen Rechten verletzt fühlen, möge er sich bitte an den Verlag wenden.

Umschlagbild und Seiten 45, 47, 50, 53, 56, 75, 76/77, 101, 106/107, 108/109, 110, 114/115, 119, 131: Yad Vashem, Jerusalem.

Seiten 10, 11: Aus »Le Mémorial des Enfants Juifs déportés de France« von Serge Klarsfeld. Ed. FFDJF 1994. Mit freundlicher Genehmigung von Serge Klarsfeld.

Seite 14/15: Oded Zan/Elias Sourasky, Central Library, Tel Aviv University.

Seiten 16, 79: Pressens Bild.

Seite 19: Umschlagbild des Buches »Le Mémorial des Enfants Juifs déportés de France« von Serge Klarsfeld. Ed. FFDJF 1994. Mit freundlicher Genehmigung von Serge Klarsfeld.

Seite 20/21: Wiener Library, London.

Seiten 25 und 136/137: Aus »And I Still See Their Faces«. Mit freundlicher Genehmigung der Shalom Foundation Collection von Golda Tencer-Szurmiej.

Seite 26/27: Anne Frank House, Amsterdam / Archive Photos, New York.

Seite 28: Friedrich Seidenstücker / Bildarchiv Preußischer Kulturbesitz.

Seite 30: Hans Firzlaff / Satire-Verlag, Hannover.

Seite 32: Robert A. Schumuhl / United States Holocaust Memorial Museum, Photo Archives Washington D.C.

Seiten 34/35, 127: FLT PICA / Scanpix Sverige.

Seiten 39, 64/65, 66, 71, 132, 144/145: Archiv für Kunst und Geschichte.

Seiten 42/43, 138/139 SVT Historiska Bildakivet.

Seiten 48, 80/81, 98, 104/105: Jakob Wegelius.

Seiten 52, 72: Ella Liebermann-Shiber, Courtesy of the Ghetto Fihters´ House Museum, Israel (Beit Lohawei Haghetaot).

Seite 54: Aus »1941 – Préludes à la Solution Finale« von Serge Klarsfeld. Ed. FFDJF 1991. Mit freundlicher Genehmigung von Serge Klarsfeld.

Seite 69: Institut Pamieci Narodowej, Warszawa.

Seiten 71, 123 George Schod.

Seite 85: Hessisches Hauptstaatsarchiv, Wiesbaden.

Seite 86/87: Diözesanarchiv Limburg.

Seite 90: Aus »Nazi Conspiracy and Aggression«, vol. 8.

Seiten 92, 93: United States Holocaust Memorial Museum, Photo Archives Washington D.C.

Seite 99: Samuel Willenberg, Courtesy of Ghetto Fighters´ House Museum, Israel (Beit Lohamei Haghetaot).

Seite 113: Zeichnung von David Olère. Aus Alexandre Oler »Witness-Images of Auschwitz«. US-amerikanische Ausgabe 1989. Mit freundlicher Genehmigung von Alexandre Oler.

Seite 125: IMS Bildbyrå AB.

Geleitwort der Senatorin

»Erzählt es euren Kindern«, dieser Titel enthält eine Aufforderung. Die Älteren sollen den Jüngeren erzählen, wie der Holocaust an den Juden, dieses monströseste Verbrechen des 20. Jahrhunderts, möglich werden konnte. Das Buch bietet einen Gesprächsanlass, den Eltern und Großeltern aufgreifen können. So war es in Schweden beabsichtigt, wo der Staat das Buch per Postkarte allen Haushalten anbot. Die Resonanz war überwältigend; inzwischen sind über eine Million Exemplare verteilt.

Hamburg hat eine lange Tradition der Auseinandersetzung mit dem Holocaust. Das Thema hat seinen Niederschlag in den Geschichtsbüchern gefunden; es ist ein etablierter Stoff des Unterrichts, und das nicht nur im Fach Geschichte, sondern auch in Deutsch oder Religion. Ausstellungen und Publikationen, z.B. der Geschichtswerkstätten und des Schulmuseums, haben Großes geleistet. Warum dann dieses Buch?

Das Buch »Erzählt es euren Kindern« ist für deutsche Jugendliche nützlich, weil es einen besonderen Anlass für den generationenübergreifenden Dialog darstellt. Es macht Ernst mit dem Prinzip der Individualisierung – Informationen über Einzelschicksale werden vermittelt statt abstrakte Zahlen referiert. Opfer, Täter und Zuschauer kommen immer wieder zu Wort.

Die Zahl derjenigen, die die NS-Zeit miterlebt haben, wird immer kleiner. Dadurch wächst die Schwierigkeit, die Erinnerung in der nachfolgenden Generation wachzuhalten. Die Frage, die in der schwedischen Diskussion beherrschend war, ist auch hierzulande unverzichtbar: Wie macht man die Erinnerung an den Holocaust nutzbar für unsere demokratische Gesellschaft, in der Intoleranz, Alltagsrassismus und fremdenfeindliche Gewalt inzwischen an der Tagesordnung sind? Dem bedrohlichen Gemisch aus Rechtsextremismus und Gewaltkriminalität, das vielerorts in Deutschland anzutreffen ist, gilt es entgegenzutreten. Dazu sind Aufklärung und Engagement erforderlich. Beides wird durch dieses Buch gefördert.

Das Buch »Erzählt es euren Kindern« ist noch aus einem anderen Grund wichtig. Ging es in den Schulen bislang darum, Schülerinnen und Schüler mit deutschem Hintergrund über die nationalsozialistische Gewaltherrschaft zu unterrichten, werden sie sich künftig auf multiethnische Klassen einstellen müssen. Wie zum Beispiel sollen deutsche Schülerinnen und Schüler türkischer Herkunft mit dem Thema Holocaust umgehen? Was wird es für die Ausbildung ihrer Identität bedeuten? Die Beschäftigung mit dem Buch »Erzählt es euren Kindern« ist in meinen Augen eine gute Gelegenheit, diese und ähnliche Fragen im Unterrichtsgespräch zu behandeln und den notwendigen Wechsel in der Erinnerungsarbeit einzuleiten.

Das Gespräch zwischen den Generationen über die Ursachen und die Folgen von Rassismus und Intoleranz ist natürlich nicht das Resultat einer bloßen Verteilung von Büchern, sondern muss angeleitet und einfühlsam begleitet werden. Ich vertraue darauf, dass die Hamburger Lehrerinnen und Lehrer dazu in der Lage sind. Das Institut für Lehrerfortbildung wird sie dabei unterstützen.

Die Hamburger Sonderausgabe von »Erzählt es euren Kindern« enthält einen Anhang, der zweierlei bezweckt. Zum einen soll deutlich werden, dass die Judenverfolgung nicht irgendwo in Deutschland, sondern in unserer unmittelbaren Nachbarschaft stattgefunden hat. Juden und Nazi-Schergen, Mitläufer und Helfer waren hier genauso anzutreffen wie in anderen deutschen Städten und Gemeinden. Zum anderen wird auf weitere Informationsquellen verwiesen. Mit der KZ-Gedenkstätte Neuengamme, dem Schulmuseum und den Alternativen Stadtrundfahrten stehen Hamburger Jugendlichen vielfältige Möglichkeiten zur Verfügung.

Michel Friedman, dem stellvertretenden Vorsitzenden des Zentralrats der deutschen Juden, ist zuzustimmen: »Neuengamme stand mitten unter uns. Man wusste davon.« Es gilt, dieses Wissen wachzuhalten.

Das Buch »Erzählt es euren Kindern« wird zum 27. Januar 2001 an alle Schülerinnen und Schüler der 9. und 10. Klassen unserer Stadt verteilt. Der 27. Januar ist der Gedenktag zur Befreiung des Konzentrationslagers Auschwitz.

Ute Pape
Senatorin für Schule, Jugend und Berufsbildung

NS-Judenverfolgung in Hamburg

Politik begriffen die Nationalsozialisten existenziell, nämlich als unbedingten Kampf auf Leben oder Tod. Für die Nazis gab es nur »totalen Sieg« oder »totale Niederlage«, Vernichtung des »Feindes« oder durch den »Feind«. Feind schlechthin war »der Jude«. Diese deutsche Bevölkerungsgruppe wurde auch in Hamburg mit allen (Polizei-) Mitteln verfolgt. Alle drei einschneidenden Säuberungs-, Entrechtungs- und Verdrängungsakte zeigen, dass sich die Verfolgung der Juden durch den hiesigen Staats- und Verwaltungsapparat nicht von derjenigen im übrigen Deutschland unterschied. Die Entlassung jüdischer Staatsbediensteter ab April/Mai 1933, der Ausschluss von der Reichsbürgerschaft 1935, die vollständige »Ausschaltung« aus der Wirtschaft nach der Reichspogromnacht 1938 wurden hier nicht weniger brutal betrieben als andernorts.

Das erste antijüdische Projekt der NSDAP als Regierungspartei war der reichsweite Judenboykott am 1. April 1933. Auch in Hamburg wurden an diesem Tag in allen Stadtteilen gezielt jüdische Geschäfte und Büros abgeriegelt. Zu vereinzelten Hausbesetzungen war es schon vor dem reichsweiten »Boykotttag« gekommen. Am 11. März 1933 – drei Tage nach der Bestellung des NS-Senats – waren Warenhäuser wie Hermann Tietz, EPA, Woolworth, die in jüdischem Eigentum oder Besitz waren, umstellt, die Verkaufsräume oder -stände vor Kundschaft abgeschirmt worden.

Das erste antijüdische Gesetz, das die Reichsregierung Hitler/von Papen erließ, trug den verlogen-harmlosen Titel

Boykottaktion in der Grindelallee

»Gesetz zur Wiederherstellung des Berufsbeamtentums«. Es richtete sich zwar in erster Linie gegen politische Gegner der Nazi-Partei im Staatsdienst, ermöglichte es aber zugleich, als jüdisch gebrandmarkte Beamte und Angestellte zu entfernen. Paragraf drei bestimmte, dass Beamte, die nicht

»arischer Abstammung« waren, in den Ruhestand zu versetzen, Ehrenbeamte zu entlassen seien. In den ersten zwölf Monaten nach Erlass des Gesetzes am 7. April 1933 waren in Hamburg insgesamt 1642 Personen betroffen, auf Grund des »Arierparagrafen« 83 Beamte und 119 Angestellte.

Das Berufsbeamtengesetz wirkte sich auf die einzelnen Ressorts der öffentlichen Verwaltung höchst unterschiedlich aus. Besonders starke Einbußen hatte die Universität Hamburg zu verzeichnen. Bis zum 28. Februar 1935 schieden 40 von 43 jüdischen Professoren aus. Die Kollegien der staatlichen allgemeinbildenden Schulen verließen bis Ende 1935 insgesamt 48, bis Anfang 1938 weitere 28 Lehrkräfte wegen »nichtarischer« Herkunft.

Die antijüdische Säuberungspolitik richtete sich nicht allein gegen die Lehrenden. Auch die Lernenden in den staatlichen Bildungsanstalten sollten sich durch »Reinrassigkeit« auszeichnen. Das »Gesetz gegen die Überfüllung deutscher Schulen und Hochschulen« vom 25. April 1933 legte den Anteil der »Nichtarier« für Neuaufnahmen auf 1,5 vom Hundert fest, der Anteil an der gesamten Schüler- bzw. Studentenschaft wurde auf fünf Prozent begrenzt.

Nach dem Erlass der Nürnberger Rassengesetze im Herbst 1935 setzte die Hamburger Landesschulverwaltung auf die vollständige Rassentrennung, die allerdings erst drei Jahre später im Herbst 1938 erfolgte. Gewissermaßen in vorauseilendem Gehorsam wurden 1934 alle jüdischen Schülerinnen und Schüler vom nationalpolitischen Unterricht am Staatsjugendtag ausgeschlossen, 1935 von allen Stunden und auch Feiern, die der weltanschaulichen Schulung und Erziehung dienten, 1936 auch von Aufenthalten in Schullandheimen sowie überhaupt von der Teilnahme an Schulveranstaltungen. Einige wenige Tage nach der Reichspogromnacht, am 15. November 1938, untersagte der Reichsminister für Wissenschaft, Erziehung und Volksbildung dann jüdischen Schulpflichtigen den Besuch von staatlichen Regelschulen. Sie wurden bis auf weiteres an besondere eigene Schulen verwiesen. Am 30. Juni 1942 wurde auch die einzige noch bestehende jüdische Schule geschlossen.

Das Berufsbeamtengesetz zielte ausdrücklich auf beides: auf die Säuberung des Staatsapparates sowohl von politisch missliebigen Bediensteten als auch von allen »nichtarischen«. Die gesetzlichen Grundlagen für die rassische Säuberung des gesamten Volkes wurden im Herbst 1935 geschaffen: Am Rande des Nürnberger Reichsparteitags beschloss der NS-Reichstag das »Reichsbürgergesetz« sowie das »Gesetz zum Schutze des deutschen Blutes und der deutschen Ehre«. Das Reichsbürgergesetz nahm den jüdischen Deutschen die Staatsbürgerschaft. Sie waren ab sofort bloße »Staatsangehörige«. Das strafbewehrte »Blutschutzgesetz« untersagte Eheschließungen zwischen Juden und »Staatsangehörigen deutschen oder artverwandten Blutes«, außerehelichen Geschlechtsverkehr zwischen ihnen und die Beschäftigung von »weiblichen Staatsangehörigen deutschen oder artverwandten Blutes unter 45 Jahren« in jüdischen Haushalten.

Am Landgericht Hamburg wurde eigens eine spezielle Strafkammer für Verstöße gegen das »Blutschutz«-Gesetz eingerichtet. Zwischen 1936 und 1943 hatten sich 429 Personen in Verfahren zu verantworten, von denen 393 schul-

Talmud-Tora-Schule; im Hintergrund: Synagoge am Bornplatz

dig gesprochen wurden. Das Gericht führte mehr Verfahren durch und verhängte deutlich härtere Strafen als das in Frankfurt a.M., wo es insgesamt mehr Juden gab, oder als das in Köln, wo prozentual mehr Juden registriert waren. Das antisemitische Hetzblatt »Der Stürmer« hatte nach 1938 wiederholt Gelegenheit, die »vorbildliche Rechtsprechung« der Hamburger Strafkammer in Sachen »Rassenschande« zu loben.

Zum Symbol für die Verfolgung der Juden in Deutschland ist die Reichsprogromnacht vom 9. auf den 10. November 1938 geworden. Was seit dem Frühjahr 1933 ablief, wurde jetzt mit einem Schlag sichtbar gemacht: durch eine beispiellose Zerstörung von jüdischem Kulturgut in aller Öffentlichkeit. Auch in Hamburg wurde brutal gegen jüdisches Hab und Gut vorgegangen, waren Leib und Leben jüdischer Deutscher dem antisemitischen Mob schutzlos ausgesetzt. In nahezu allen Stadtteilen wütete der Vandalismus. Am Abend des 10. November 1938 brannten die Synagoge am Bornplatz und die Harburger Synagoge.

Das Jahr 1938 stellte eine deutliche Zäsur in der Judenverfolgungspolitik dar. Bis zum Novemberpogrom gaben sich die Nationalsozialisten mit der Verbannung der jüdischen Deutschen aus der politischen Ordnung und dem Bildungswesen zufrieden. Nach dem Novemberpogrom strebten sie deren Ausschaltung aus Gesellschaft und Wirtschaft an. Nach der vollständigen politischen Entrechtung wurde jetzt die zivile in Angriff genommen, insbesondere die Beseitigung der wirtschaftlichen Existenzgrundlagen.

Mit der »Verordnung zur Ausschaltung der Juden aus dem deutschen Wirtschaftsleben« vom 12. November 1938 wurde den Juden der Betrieb von Einzelhandelsverkaufsstellen, Versandgeschäften, Bestellkontoren sowie die selbstständige Leitung eines Handwerksbetriebes untersagt, ebenfalls Tätigkeiten auf Märkten, Messen oder Ausstellungen. Nachdem bereits im Juli 1938 jüdische Ärzte und im September jüdische Rechtsanwälte Berufsverbote erhalten hatten, traf es jetzt gewerbetreibende Selbstständige.

Ergänzt wurde diese Verordnung durch eine weitere »über den Einsatz des jüdischen Vermögens«. Sie regelte Umfang und Ablauf der zwangsweisen Enteignung von Gewerbe-, land- und forstwirtschaftlichen Betrieben, Grundeigentum und Ansprüchen darauf, Wertpapieren, und sie untersagte, Juwelen, Schmuck- und Kunstgegenstände zu erwerben, zu verpfänden oder selbst zu veräußern.

Die Verordnung vom 12. November 1938 legalisierte, was sich vielerorts bereits ohne besondere Rechtsgrundlagen zugetragen hatte. In Hamburg stellte sie jedoch die eigentliche Initialzündung für die »Entjudung der Wirtschaft« dar. Bis zum Kriegsbeginn am 1. September 1939, also innerhalb von nur einem Dreivierteljahr, waren die rund 1200 Gewerbebetriebe, die sich am 1. Januar 1939 in jüdischem Eigentum befanden, nahezu restlos liquidiert oder »arisiert«, das heißt Reichsbürgern meist weit unter Wert übereignet worden. In Hamburg »herrschte eine Aufbruchstimmung, in der selbst größere Unternehmen innerhalb von zehn Minuten den Besitzer wechselten« (Frank Bajohr).

Die Judenverfolgungspolitik der Nationalsozialisten war von Anfang an ideologisch motivierte Vertreibungspolitik: Verbannung aus dem Staatsdienst und Verweisung aus dem staatlichen Bildungswesen, Ausschaltung aus der Wirtschaft. Alle Aktionen und Verdrängungsakte waren zugleich Ausdruck antijüdischer Vertreibungspolitik im eigentlichen Sinne. Nicht allein das Reichsvolk sollte »judenrein« sein, sondern auch das gesamte Reichsgebiet »judenfrei«.

Alle drei Kampagnen in den Jahren 1933, 1935 und 1938 – sowie die Verhaftungswellen in ihrem Gefolge – dienten nicht zuletzt dem Ziel, die deutschen Juden außer Landes zu nötigen. Viele verließen das Land, in dem sie aufgewachsen und heimisch waren. Nach der ersten, einigermaßen unvermittelt einsetzenden Auswanderungswelle 1933 stieg diese 1936, dem Jahr nach dem Erlass der Nürnberger Rassengesetze, deutlich an und vervielfältigte sich 1938 und 1939 um das Fünfbis Sechsfache. In den ersten Kriegsjahren kam die Zwangsauswanderung fast völlig zum Erliegen, bis sie am 23. Oktober 1941 ganz verboten wurde.

In dieser Zeit, im Herbst oder Winter 1941, fiel der Entschluss Hitlers und der gesamten Staats- und Parteispitze, die jüdische Bevölkerung auch physisch zu vernichten, »auszurotten«. In genau diesen Wochen und Monaten trat Hamburgs »Führer«, Reichsstatthalter und NSDAP-Gauleiter Karl Kaufmann, an Hitler heran »mit der Bitte, die Juden evakuieren zu lassen«. Der Führer habe dieser »Bitte« »unverzüglich« entsprochen, schrieb er nicht ohne Stolz an

Hermann Göring. Tatsächlich verließen zwischen dem 25. Oktober und dem 6. Dezember 1941 die ersten »Transporte« Hamburg – vier nach Lodz, nach Minsk zwei und nach Riga. Sie beförderten mehr als 3100 Menschen in den sicheren Tod. Unter den Opfern befand sich auch der letzte Oberrabbiner Hamburgs, Dr. Joseph Carlebach.

Ob Kaufmanns Intervention bei Hitler die Deportation der jüdischen Bevölkerungsgruppe veranlasst hat, sei dahin gestellt. Unbezweifelbar ist, dass sich Hamburgs Nazi-Regenten – neben Kaufmann namentlich Bürgermeister Carl Vincent Krogmann – in einem ganz und gar einig waren: dass auf die Dauer auch Hamburg »judenfrei« zu sein habe.

Dies ist die judenpolitische Bilanz der NS-Diktatur in Hamburg: Mitte Juni 1933 lebten im Hamburger Großraum knapp 20000 Deutsche jüdischen Glaubens. Sechs Jahre später, im Mai 1939, wurden rund 10000 »Rasse-Juden« gezählt. Vor Beginn der ersten Deportation am 25. Oktober 1941 hielten sich noch rund 7500 Juden in Hamburg auf. Im Verlaufe der sechs Friedensjahre hatte also rund die Hälfte, bis Herbst 1941 etwa zwei Drittel Hamburg auf dem Wege der Emigration verlassen – selbstverständlich unter Verlust nahezu allen Vermögens. Das Drittel, das in seiner Heimat blieb, wurde in Konzentrationslagern ermordet.

Die genaue Anzahl der deportierten und ermordeten Hamburger Juden ist auch heute noch nicht bekannt. Insgesamt wurden 17 Transporte – darunter 11 nach Theresienstadt – durchgeführt. Ein Gedenkbuch von 1995 führt die Namen von 8877 Opfern auf und schätzt die Anzahl der insgesamt umgekommenen oder in den Tod getriebenen Juden auf annähernd 10000.

Als britische Truppen am 3. Mai 1945 Hamburg einnahmen, hielten sich hier noch 647 Juden auf: weniger als vier Prozent der 19410, die 1933 im Hamburger Großraum ihr Zuhause hatten.

Literatur:
• Kürschner-Pelkmann, Frank: Jüdisches Leben in Hamburg. Ein Stadtführer. Hamburg 1997.
• Lohalm, Uwe: Die nationalsozialistische Judenverfolgung in Hamburg 1933 bis 1945. Ein Überblick. Hamburg 1999.
• Landeszentrale für politische Bildung (Hrsg.): Hamburg im Dritten Reich: die Judenverfolgung. Darin Beiträge zu Hamburgs Gestapochef (von Michael Wildt), zur Zwangsauswanderung Hamburger Juden (von Sybille Baumbach), Reichsprogromnacht in Hamburg (von Jürgen Sielemann), zur »Arisierung« in Hamburg (von Frank Bajohr) und zum Leben der Hamburger Juden im Zeichen der »Endlösung« (von Ina Lorenz).
(In Vorbereitung für Ende 2001)

Dr. Heinrich Erdmann
Wissenschaftlicher Referent in der Landeszentrale für politische Bildung Hamburg

In Erinnerung an Walerjan, Cecilie, Helmuth, Jacqueline und all die anderen Opfer

Gedenkstätten in Hamburg und ihre Informationsangebote

Neuengamme

Auch in Hamburg gab es in der Zeit des Nationalsozialismus Konzentrationslager. Das weitaus größte Lager, das KZ Neuengamme, befand sich 20 km vom Stadtzentrum entfernt in den Vier- und Marschlanden, den im Bezirk Bergedorf gelegenen Hamburger Landgebieten. In dieses 1938 zunächst in einer ehemaligen Ziegelei eingerichtete und ab 1940 aus zahlreichen Holzbaracken, Wachttürmen und Fertigungsstätten bestehende Lager und seinen in den letzten Kriegsjahren in ganz Norddeutschland errichteten Außenlagern wurden von der Gestapo und der SS insgesamt über 100 000 Menschen eingesperrt. Sie kamen aus nahezu allen europäischen Ländern: aus Russland, der Ukraine und anderen Gebieten der Sowjetunion (34 300), aus Polen (16 900), aus Frankreich (11 500), Deutschland (9 200), den Niederlanden (6 950), Belgien und Dänemark (je 4 800) sowie aus 19 weiteren Nationen. Einweisungsgründe waren zumeist politische Opposition, der Widerstand gegen die deutsche Besatzungsherrschaft, Auflehnung gegen Zwangsarbeit oder – so vor allem bei den Jüdinnen und Juden – rassistisch motivierte Verfolgung.

Einer der Häftlinge in Neuengamme war Walerjan Wróbel. Er stammte aus einem kleinen polnischen Dorf. Zwei

Walerjan Wróbel

Wochen nach seinem 16. Geburtstag war Walerjan im April 1941 von zu Hause abgeholt worden und gemeinsam mit vielen gleichaltrigen Jugendlichen und jüngeren Männern mit einem Güterzug zur Zwangsarbeit nach Deutschland verschleppt worden. Walerjan wurde als Hilfsarbeiter einem kleinen Bauernhof im Norden von Bremen zugeteilt. Walerjan, der kein Wort Deutsch und sich somit nicht verständigen konnte, war sehr unglücklich, denn die Feldarbeit war sehr schwer, er war einsam und verspürte großes Heimweh. Bereits nach einer Woche versuchte er zu fliehen, wurde aber schon bei den Vorbereitungen entdeckt. In seiner Hilflosigkeit kam er wenig später auf die Idee, in der Scheune Feuer zu legen. Er hoffte, damit seine Unbrauchbarkeit als Arbeitskraft beweisen zu können und zur Strafe nach Hause geschickt zu werden. Schon bald zeigte sich, wie naiv diese Vorstellung gewesen war.

Obgleich er sich selbst an den Löscharbeiten beteiligte, weil er keinen großen Schaden anrichten wollte, ging die Gestapo, die den Jungen sofort verhaftete, von einem Fall schwerer, gegen das Deutschtum gerichteter Brandstiftung aus. Nach zweimonatiger Untersuchungshaft wurde Walerjan Wróbel am 29. Juni 1941 in das Konzentrationslager Neuengamme eingewiesen. Hier wurde er einem Strafkommando zugeteilt, das beim Ausheben des Hafenbeckens sehr schwere Arbeit leisten musste. Sowohl die schlechte und ungenügende Verpflegung als auch die dünne Häftlingskleidung und die Unterbringung in der überfüllten und im Winter sehr kalten Baracke ließen seine Kräfte immer mehr schwinden. Stärkung boten nur die Begegnungen mit anderen polnischen Häftlingen, mit denen Walerjan endlich wieder in seiner Muttersprache reden konnte.

Neun Monate blieb Walerjan im KZ Neuengamme, dann wurde er zurück nach Bremen geschickt. Dort verhandelte am 8. Juli 1942 ein Sondergericht über seinen Fall. Obgleich er noch Jugendlicher war, verurteilte das Gericht ihn unter Berufung auf ein 1939 von den Nationalsozialisten zur »Abschreckung« geschaffenes Gesetz, der sogenannten »Volksschädlingsverordnung«, zum Tode. Nachdem ein Gnadengesuch vom Reichsjustizminister in Berlin abgelehnt worden war, wurde Walerjan am 24. August erneut nach Hamburg gebracht. Einen Tag später wurde in der Hamburger Untersuchungshaftanstalt am Holstenglacis das Todesurteil mit dem Fallbeil vollstreckt.

Im Jahre 1988 wurde das Urteil gegen Walerjan Wróbel als Ausdruck nationalsozialistischen Unrechts aufgehoben.

Der Fall von Walerjan Wróbel, Unterlagen aus den polizeilichen Ermittlungen und dem Gerichtsverfahren, Fotos

Fotos: KZ-Gedenkstätte Neuengamme

Blick in die Ausstellung der KZ-Gedenkstätte Neuengamme

und seine Abschiedsbriefe sind heute wie die Berichte über viele andere Häftlinge in der KZ-Gedenkstätte Neuengamme dokumentiert. In der Hauptausstellung, die 1995 in einer ehemaligen Rüstungsfabrik des KZ Neuengamme, den »Walther-Werken«, neu gestaltet wurde, sind neben Modellen des Konzentrationslagers, einer Häftlingsbaracke und des Lagergefängnisses zahlreiche Originalgegenstände, zum Beispiel Teile der Barackeneinrichtung, Arbeitsgeräte und Häftlingskleidung, zu besichtigen. In insgesamt 25 Bereichen wird die Geschichte des KZ Neuengamme dargestellt. Zum Themenspektrum zählen Ausstellungsbereiche über den »Alltag im Lager«, über Hunger und das Strafsystem, über die mehr als 13 000 in Außenlagern inhaftierten Frauen ebenso wie Fragen, die sich mit dem Werdegang der »SS-Wachmannschaften« und mit der Zeit nach 1945 beschäftigen (»Leben nach dem Überleben«, »Suche nach den Schuldigen«, »Gefängnis und Gedenkstätte«). Grundinformationen bieten jeweils Großfotos und Überblickstexte; zur vertiefenden Beschäftigung stehen zahlreiche Themenordner, Schuber mit Originaldokumenten, zwei Videotheken mit wählbaren Filmsequenzen zu den Bereichen »Wege ins Lager« und »Selbstbehauptung und Widerstand« sowie Computer mit Übersichtskarten, Plänen, Dokumenten und Fotos zu den 85 Außenlagern zur Verfügung. Im Zentrum der Ausstellung, die den Titel »ÜBER • LEBENS • KÄMPFE – Häftlinge unter der SS-Herrschaft. Das KZ Hamburg-Neuengamme 1938-1945« trägt, stehen die Berichte der Überlebenden, die auszugsweise in einem Hörraum wiedergegeben werden.

Von der Ausstellung führt ein mit Informationstafeln versehener Rundweg an den erhaltenen Gebäuden und Anlagen des Konzentrationslagers vorbei.

Tongrube vor dem Klinkerwerk auf dem Gelände der Gedenkstätte

Unter anderem sind neben den Werkhallen der Walther-Werke das Gelände des ehemaligen Lagerbahnhofs mit Gleistrasse und historischem Güterwaggon, der Standort des Krematoriums, zwei ehemalige Häftlingsunterkünfte, die SS-Hauptwache und der SS-Garagenhof, das Kommandantenhaus, das große Klinkerwerk und der Stichkanal mit dem Hafenbecken zu sehen. Im restaurierten Klinkerwerk ist seit 1997 eine ständige Ausstellung zu sehen, die unter Einbeziehung der historischen Relikte (Trockenkammern, Sumpf, Pressenhaus) die Arbeitsbedingungen der KZ-Häftlinge in der Ziegelproduktion dokumentiert.

Schließlich führt der Weg zum Gelände der ehemaligen Lagergärtnerei, in der die SS die Asche der im Krematorium verbrannten Leichen als Dünger verstreuen ließ. Hier befindet sich seit 1965 das »Internationale Mahnmal«, bestehend aus einer hohen Stele, der Skulptur »Der sterbende Häftling« und einer Gedenkmauer mit Tafeln der Länder, aus denen die Häftlinge des KZ Neuengamme stammten. In der angrenzenden Parkanlage finden sich Denkmale für größere Opfergruppen aus Warschau (Polen), Putten (Niederlande) und Meensel-Kiezegem (Belgien) sowie für die homosexuellen Opfer und für Einzelpersonen.

Das 1981 in der Nähe des Mahnmals errichtete Dokumentenhaus wurde 1995 zum 50. Jahrestag des Kriegsendes und der Befreiung zu einem »Haus des Gedenkens« künstlerisch umgestaltet, in dem nunmehr die Namen der Opfer – soweit bekannt – bewahrt sind. Auf langen, an den Wänden hängenden Tüchern sind 20 000 Namen nach dem Sterbedatum aneinander gereiht; gegen Kriegsende werden die Namenskolonnen von Tag zu Tag länger und schier unüberschaubar. In einem Nebenraum werden in sieben Pultvitrinen im Krankenrevier des KZ geführte Original-Totenbücher ausgestellt; ein mehrbändiges Gedenkbuch mit weiteren Angaben zu den Opfern liegt zur Einsicht bereit.

Bis heute ist ein Großteil der Opfer des KZ Neuengamme namentlich nicht bekannt. Ihre Zahl wird (einschließlich der Außenlager) auf 55 000 geschätzt. Dies bedeutet, dass mehr als die Hälfte der Häftlinge infolge der erlittenen Verfolgung den Tod fanden – und dies, obgleich Neuengamme keine Vernichtungsstätte wie Auschwitz-Birkenau oder Treblinka war, in denen – vor allem im Zuge des Völkermordes an den europäischen Juden – Menschen unmittelbar nach ihrer Ankunft zu Tausenden mit dem Giftgas »Zyklon B« ermordet wurden. Neuengamme war vielmehr ein Lager, in dem die SS die Arbeitskraft der Häftlinge ausnutzte – in der Klinkerproduktion, zu Bauvorhaben und vor allem in Rüstungsfabriken. Doch die Lebens- und Arbeitsbedingungen in Neuengamme und den Außenlagern waren mörderisch. Dünne Kleidung und ungenügende Ernährung, unzureichende medizinische Versorgung und katastrophale sanitäre Verhältnisse, dazu die Schikanen und Misshandlungen durch die SS und ihre Handlanger führten zum Tod vieler Häftlinge. Mehrere tausend Häftlinge, die nicht mehr arbeitsfähig waren, wurden durch Spritzen getötet oder in Vernichtungs- und Sterbelager abtransportiert. Im amtlichen Sprachgebrauch hießen die KZ-Außenlager »Arbeitslager der Waffen-SS«, doch in internen Protokollen sprach die SS von »Vernichtung durch Arbeit«. In diesem Sinne wurden in Neuengamme die Menschen durch Arbeit, durch Hunger, durch Entkräftung zugrunde gerichtet. Die Opfer waren hier in der Mehrzahl nicht Juden, sondern politische Widerstandskämpfer und Zwangsarbeiter aus ganz Europa.

Neuengamme diente der SS, der Gestapo und zeitweise der Justiz auch als Hinrichtungsstätte, ca. 2 000 Menschen wurden hier erhängt, erschossen, vergast (1942 wurden im Neuengammer »Arrestbunker« in zwei Aktionen 448 sowjetische Kriegsgefangene mit Zyklon B erstickt). Noch kurz vor Kriegsende starben auf Todesmärschen und -transporten weit über 10 000 Häftlinge, davon allein 7 000 am 3. Mai 1945 beim Bombardement der KZ-Häftlingsschiffe »Cap Arcona« und »Thielbek« in der Neustädter Bucht.

Die Gedenkstätte bietet neben den Besichtigungsmöglichkeiten im Außengelände, dem Gedenkhaus und den beiden derzeitigen Ausstellungen auch ein umfangreiches wechselndes Veranstaltungsprogramm. Dazu zählen neben Sonderausstellungen vor allem Gespräche mit ehemaligen KZ-Häftlingen sowie Vortrags- und Filmveranstaltungen. Bibliothek, Fotoarchiv und das Archiv mit einer sehr großen Sammlung von Häftlingsberichten können nach Voranmeldung ebenfalls auch von Schülern genutzt werden.

Weit gespannt ist das Angebot an Erkundungen: Von kommentierten Rundgängen über die frühere KZ-Gelände, über Fahrradfahrten, deren Routen die engen Verbindungen zwischen Lager und Region aufzeigen, hin zur Besichtigung von KZ-Außenlagern bei der »Anderen Hafenrundfahrt« und den vom Landesjugendring Hamburg organisierten »Alternativen Stadtrundfahrten zu Stätten von Verfolgung und Widerstand«. Für Klassen und andere Gruppen, die für ein oder mehrere Tage die Gedenkstätte besuchen, werden Kurse und Projekttage sowie Jugend-Workcamps veranstaltet.

Zur Vorbereitung eines Besuchs:

Von den zahlreichen Publikationen zur Geschichte des KZ Neuengamme und der Gedenkstätte, die auch von dort bezogen werden können, sind für die erste Vorbereitung besonders geeignet:
• Ludwig Eiber: Konzentrationslager Neuengamme 1938-1945. Hamburg 1990 (Hamburg-Porträt, Heft 16) [4,-- DM]
• Hermann Kaienburg: Das Konzentrationslager Neuengamme 1938-1945. Hrsg.: KZ-Gedenkstätte Neuengamme. Bonn 1997 [19,80 DM]
• über•lebens•kämpfe. Häftlinge unter der SS-Herrschaft. Das KZ Hamburg-Neuengamme 1938-1945. Begleitbroschüre zur ständigen Ausstellung der KZ-Gedenkstätte Neuengamme in den ehemaligen Walther-Werken. Hamburg 1996 (auch englisch, französisch, niederländisch, polnisch und russisch) [3,50 DM]
• KZ-Gedenkstätte Neuengamme. Rundweg. Hrsg.: KZ-Gedenkstätte Neuengamme. Hamburg 1997 (auch englisch, französisch, niederländisch, polnisch und russisch) [3,-- DM]
• Kurz-Info-Blatt »Ausstellung« und Kurz-Info-Blatt »Gelände« [je 1,-- DM].

Die Ausstellungen und das »Haus des Gedenkens« sind täglich (außer montags) von 10 bis 17 Uhr geöffnet, von April bis September ist am Wochenende und an Feiertagen bis 18 Uhr geöffnet. Der Eintritt ist frei. Der Rundweg ist jederzeit frei zugänglich.

Bei Gruppenbesuchen wird um Voranmeldung gebeten; Anmeldungen für gebührenpflichtige Führungen nimmt der Museumsdienst (Glockengießerwall 5a, 22095 Hamburg) unter der Telefonnummer 040 / 428 24 325 entgegen. Auskünfte zur Besuchsvorbereitung und zu Unterrichtsmaterialien sowie über Projekttage erteilt die museumspädagogische Abteilung der KZ-Gedenkstätte Neuengamme unter der Telefonnummer 040 / 428 96 517.

Im Rahmen der »Alternativen Stadtrundfahrten« bietet der Landesjugendring Hamburg regelmäßig Busfahrten zur KZ-Gedenkstätte Neuengamme (mit Besuch der Gedenkstätte Bullenhuser Damm) an. Anmeldung beim Landesjugendring Hamburg, Alfred-Wegener-Weg 3, 20459 Hamburg, Tel. 040 / 317 96 114.

Themen und Termine aller Veranstaltungen sind einem regelmäßig erscheinenden Programmheft zu entnehmen. Aktuelle Veranstaltungsankündigungen können auch per E-Mail bezogen (Anforderung über: Neuengamme@kb.hamburg.de) oder im Internet (www.hamburg.de/Neuengamme) eingesehen werden.

Anfahrt:
Mit der S-Bahn: S 21 bis Bergedorf, von dort mit dem Bus 227 bis »KZ-Gedenkstätte« oder »Gedenkstätte, Ausstellung«.
Mit dem Auto: Autobahn A 25, Richtung Geesthacht, Ausfahrt Curslack, ab dort ausgeschildert.

Adresse:
KZ-Gedenkstätte Neuengamme, Jean-Dolidier-Weg 39, 21039 Hamburg, Tel. 040 / 428 96 03, Fax 040 / 428 96 525

Die in Neuengamme selbst weniger im Vordergrund stehenden Themen Widerstand in Hamburg, Frauen im Konzentrationslager, Kinder als Opfer medizinischer Experimente sowie das Verfolgungsschicksal jüdischer KZ-Häftlinge sind Gegenstand von drei weiteren Gedenkstätten, die als Außenstellen der KZ-Gedenkstätte Neuengamme angegliedert sind.

Plattenhaus Poppenbüttel

Das erste KZ-Außenlager in Hamburg für Jüdinnen richtete die SS im Freihafen in einem Lagerhaus der Stadt Hamburg am Dessauer Ufer ein. Anfang Juli 1944 wurden hier 1 000 Frauen zusammengepfercht, die zuvor im KZ Auschwitz nach Alter und körperlicher Verfassung für den Arbeitseinsatz in Hamburg ausgesucht worden waren. Zwei Monate später trafen am Dessauer Ufer noch weitere 500 Jüdinnen ein, die zuvor im Lodzer Ghetto inhaftiert gewesen waren und in Auschwitz-Birkenau ebenfalls für den Arbeitseinsatz selektiert worden waren. Unter diesen zumeist polnischen Jüdinnen befanden sich auch einige Frauen, die 1941/42 aus deutschen Städten ins polnische Lodz deportiert worden waren.

Zu ihnen zählte die in der Hohen Weide aufgewachsene Cecilie Landau, die im Oktober 1941 als damals 16jähriges Mädchen im Rahmen des ersten (von insgesamt 17) Hamburger Deportationstransporten zusammen mit ihrer Mutter und ihrer jüngeren Schwester und 1 031 anderen Hamburger Jüdinnen und Juden nach Lodz »ausgesiedelt« worden war. Nun kehrte sie – nachdem sie die Hölle des Ghettos Lodz und Auschwitz hatte überleben können – drei Jahre später als einzige ihrer

Familie (der Vater starb im KZ Dachau) und als eine der ganz wenigen Überlebenden des Transportes vom 25. Oktober 1941 als KZ-Gefangene in ihre Heimatstadt zurück.

Mitte September 1944 verlegte die SS die am Dessauer Ufer inhaftierten Frauen in Gruppen zu je 500 in die KZ-Außenlager Neugraben, Wedel und Sasel. Dort mussten die Frauen schwerste körperliche Arbeiten verrichten: Aufräumungsarbeiten bei verschiedenen Firmen und Trümmerbeseitigung sowie Ausheben von Panzergräben (Wedel) und den Bau von Behelfsheimwohnungen (Neugraben und Sasel). Die Teile für diese in Segmentbauweise errichteten »Plattenhäuser« wurden u. a. im Klinkerwerk des KZ Neuengamme hergestellt.

Cecilie Landau, die zu der Gruppe der nach Sasel verlegten Frauen gehörte, beschreibt in ihrer eindrucksvollen Autobiographie, auf welche Weise ihr Hamburg wieder begegnete:

»Der Herbst war 1944 früh angebrochen und das Wetter in den Außenbezirken Hamburgs war kalt und feucht mit fast unaufhörlichem Nieselregen. Ein dünner Regenfilm ließ sich auf unseren geschorenen Köpfen und spärlich bekleideten Schultern nieder. Am Ende des Tages waren wir durchnässt und unsere fadenscheinige Kleidung durchtränkt. Die meisten von uns husteten und waren krank, aber wir waren gezwungen, trotzdem zu arbeiten. Arbeiten oder sterben.

Es gab nur wenig Brot und die tägliche Scheibe wurde in Sekunden verschlungen. Selbst nach Jahren magerer Rationen weigerten sich unsere leeren, grummelnden Mägen, sich an den Nahrungsmangel zu gewöhnen, und protestierten laut und böse. Wir träumten von Brot, phantasierten von Brot, stellten uns einen unerschöpflichen, warmen Brotlaib vor, den wir Scheibe für Scheibe essen und schmecken und von dem wir jeden Krümel so lange kauen wür-

Foto: KZ-Gedenkstätte Neuengamme

Gedenkstätte Plattenhaus Poppenbüttel

den, bis das Verlangen nach einer weiteren Scheibe verschwunden wäre. Hunger schuf den Traum; Hunger rief uns in die Wirklichkeit zurück.

Wir hatten auf den Werften und Baustellen gearbeitet, wo wir Schutt, Steine und Scherben der Bombardements der vergangenen Monate sortieren mussten. Wir waren 500 Frauen verschiedener Altersstufen, die jüngste knapp vierzehn, die ältesten in den späten Fünfzigern, und alle waren wir hoffnungslose, geschlagene Kreaturen. Unsere Hände waren voller blauer Flecke, geschnitten und schmerzhaft entzündet nach tagelanger Arbeit mit den schmutzigen, rauen Überresten von dem, was einst Gebäude, Fenster und Türen waren, Fragmente eines früheren Lebens, einer friedlichen Existenz, die wir schon nicht mehr erinnerten.« (Lucille Eichengreen: Von Asche zum Leben. Lebenserinnerungen. Aufgeschrieben unter Mitarbeit von Harriet Chamberlain. Vorwort und Übersetzung von Ursula Wamser. Hamburg 1992, S. 134f.)

Über die Geschichte der 500 Frauen, die gemeinsam mit der damals knapp 20jährigen Cecilie vom 13. September 1944 bis zu ihrem Weitertransport in das Todeslager Bergen-Belsen am 7. April 1945 in dem Barackenlager in Sasel gefangen gehalten waren, informiert eine Ausstellung in der Gedenkstätte Plattenhaus Poppenbüttel. Sie befindet sich in dem letzten noch erhaltenen Behelfsheim der von den Häftlingen des Frauenaußenlagers Sasel und anderen Zwangsarbeitern beim S-Bahnhof Poppenbüttel errichteten Plattenhaussiedlung. Im rechten Teil des Gebäudes dokumentiert ein kleines Museum mit Originalmobiliar die Wohnsituation von »Ausgebombten« 1944/45, denen die Plattenhäuser zur Nutzung überlassen wurden.

Die 1985 errichtete Gedenkstätte wird von der »Arbeitsgemeinschaft Gedenkstätte Plattenhaus Poppenbüttel« ehrenamtlich betreut.

Zur Vorbereitung eines Besuchs:
• Thomas Krause: Plattenhaus Poppenbüttel. Geschichte des KZ-Außenlagers Hamburg-Sasel. Hamburg 1990 (Hamburg Porträt, Heft 25) [3,-- DM]

Die Gedenkstätte ist sonntags von 15 bis 17 Uhr und nach Vereinbarung geöffnet. Der Eintritt ist frei. Führungen vermittelt der Museumsdienst, Tel. 040 / 428 24 325.

Adresse:
Gedenkstätte Plattenhaus Poppenbüttel, Begegnungsstätte mit Ausstellung »KZ-Außenlager Sasel und Behelfsheimwohnung 1944«, Kritenbarg 8, 22391 Hamburg (S-Bahnhof Poppenbüttel, von dort ca. 5-minütiger, ausgeschilderter Fußweg).

Fuhlsbüttel

Bereits kurz nach der Machtergreifung durch die Nationalsozialisten richtete die Hamburger Staatspolizei in Gebäuden der Fuhlsbüttler Strafanstalten ein Konzentrationslager ein, in das sie die zumeist wegen Widerstandsaktivitäten in kommunistischen und sozialdemokratischen Gruppen verhafteten Regimegegner auf unbestimmte Dauer einwies. Als besonders brutale und skrupellose SS- und SA-Angehörige die Bewachung der »Schutzhaftgefangenen« übernahmen, wurde das im zeitgenössischen Sprachgebrauch als »Kola-Fu« bezeichnete KZ Fuhlsbüttel innerhalb kürzester Zeit zu einem Inbegriff für Grauen, Leiden und Sterben. Nahezu alle verhafteten Hamburger Widerstandskämpfer und -kämpferinnen kamen in das »Kola-Fu«, ebenso wie seit 1935 in größerer Zahl Zeugen Jehovas, Juden und Homosexuelle und Menschen, die die Nationalsozialisten als »Asoziale« verfolgten. Während des Krieges waren auch viele ausländische Widerstandskämpfer und Zwangsarbeiter im »Kola-Fu« inhaftiert. Zu den Häftlingen zählten auch mehrere Hundert so genannte Swing-Jugendliche, die wegen ihrer Begeisterung für die von den Nationalsozialisten verbotene Jazzmusik verfolgt wurden.

Foto: Karlheinz Jahnke, Jugend im Widerstand 1933-45. Frankfurt/M. 1985. S. 63

Helmuth Hübener

In dieser Zeit war auch der 17jährige Verwaltungslehrling Helmuth Hübener für mehrere Monate Häftling im Polizeigefängnis Fuhlsbüttel. An seinem Arbeitsplatz in der Hamburger Sozialbehörde war er am 5. Februar 1942 gemeinsam mit seinem Kollegen Gerhard Düwer verhaftet worden. Fünf Tage später wurden auch seine Freunde Karl-Heinz Schnibbe und Rudolf Wobbe von der Gestapo festgenommen. Helmuth und seine drei Mitstreiter waren denunziert worden.

Seit dem Sommer des Vorjahres hatte Helmuth versucht, über den wahren Charakter des Unrechtsregimes aufzuklären. In selbst gefertigten Flugblättern verbreitete er Meldungen des britischen Rundfunksenders BBC London, den er trotz strengsten Verbots heimlich abgehört hatte. Ab August 1941 beteiligten sich auch seine Freunde an der Vervielfältigung und Verbreitung der illegalen Flugzettel, die sie an Bekannte verteilten, in Briefkästen steckten, bei Veranstaltungen in Manteltaschen steckten, zwischen Telefonbücher legten oder als Kettenbriefe mit der Post verschickten.

In den Flugblättern wurden der Nazipropaganda die BBC-Meldungen gegenübergestellt. Auf diese Weise sollte die Widersprüchlichkeit der Goebbels-Propaganda aufgedeckt werden. Zu einem Zeitpunkt, als die Wehrmacht bei der Besetzung fremder Staaten noch unentwegt vorzurücken schien und sich die große Mehrheit der deutschen Bevölkerung im Rausch nationalen Größenwahns befand, verwies Helmuth Hübener auf den wahren Charakter der nationalsozialistischen Kriegführung, auf den »Mord wehrloser Frauen und Kinder, Krüppel und Greise«. Insgesamt fielen der Gestapo neun unterschiedliche Flugzettel in die Hände.

Dabei war Helmuth kein geborener Nazigegner. Wohnhaft bei seinen Großeltern am Luisenweg in Hamburg-

Hamm trat er in den 30er Jahren dem Jungvolk bei und kam später in die HJ. Wie viele Kinder und Jugendliche in seinem Alter begeisterte er sich zunächst für die Aktivitäten der Hitlerjugend. Doch die zunehmende Behinderung der Gemeindearbeit der »Kirche Jesu Christi der Heiligen der letzten Tage«, jener besser unter dem Namen »Mormonen« bekannten kleinen Glaubensgemeinschaft, der Hübener, Schnibbe und Wobbe angehörten, ließen seine Freunde und ihn immer stärker eine oppositionelle Haltung gegenüber dem NS-Regime einnehmen. Mitentscheidend für die Aufnahme einer Widerstandstätigkeit war die Empörung über einen Beschluss des örtlichen Mormonenleiters, der glaubte, dem verschärften Druck der Nationalsozialisten auf die Glaubensgemeinschaft durch die Anbringung eines Schildes mit der Aufschrift »Juden nicht gestattet" an dem Gemeinde- und Kirchenraum beggnen zu können. Im Bismarck-Bad in Altona nahm Helmuth Kontakt zu kommunistischen Jugendlichen auf. In politischen Gesprächen und durch das Abhören von Auslandssendern erfuhr Helmuth Hübener vom Schicksal der Gefangenen in den nationalsozialistischen Konzentrationslagern.

Bei den Verhören nahm Helmuth, um seine Freunde zu schützen, alle Schuld auf sich. Weil man sich nicht vorstellen konnte, dass eine derart aktive und organisierte Widerstandstätigkeit allein das Werk von Jugendlichen war, suchte die Gestapo, die Helmuth folterte, entschlossen nach »Hintermännern«. Schließlich musste sie einsehen, dass es diese nicht gab. Am 11. August 1942 verurteilte der Volksgerichtshof Helmuth Hübener zum Tode; gegen seine Freunde wurden hohe Gefängnisstrafen ausgesprochen. In der Gerichtsverhandlung bekannte sich Helmuth offen zu seiner antinazistischen Gesinnung und erklärte, dass er »die Religion höher stelle als die Nazipartei und ihre Ideologie«. Am 27.10.1942 wurde er – noch nicht 18jährig – in Berlin-Plötzensee enthauptet.

Zelle in der Gedenkstätte des Konzentrationslagers Fuhlsbüttel

Foto: Landesjugendring e.V. Hamburg, Hans-J. Plaumann

An Helmuth Hübener erinnert heute u.a. das Haus der Jugend in St. Pauli (Bei der Schilleroper 15), das seinen Namen führt. Karl-Heinz Schnibbe und Rudolf Wobbe wanderten nach Kriegsende in die USA aus.

Im ehemaligen Eingangsgebäude der Strafanstalt befindet sich seit 1987 die Gedenkstätte Konzentrationslager Fuhlsbüttel. Schwerpunkt der Ausstellung ist die Darstellung der unterschiedlichen Verfolgtengruppen anhand von Einzelschicksalen. Zahlreiche Original-

gegenstände und eine nachgestaltete Einzelzelle sind Teil der Dokumentation.
Die Gedenkstätte Konzentrationslager Fuhlsbüttel wird von der Arbeitsgemeinschaft ehemals verfolgter Sozialdemokraten, der Vereinigung der Verfolgten des Naziregimes – Bund der Antifaschisten und der Willi-Bredel-Gesellschaft, Geschichtswerkstatt betreut.

Zur Vorbereitung eines Besuchs:

• Ludwig Eiber: »Kola-Fu«. Konzentrationslager und Gestapogefängnis Hamburg-Fuhlsbüttel 1933-1945. Hamburg 1983 (Hamburg Porträt, Heft 18). [2,-- DM]
• Herbert Diercks: Gedenkbuch »Kola-Fu«. Für die Opfer aus dem Konzentrationslager, Gestapogefängnis und KZ-Außenlager Fuhlsbüttel. Hamburg 1987.
Die Gedenkstätte ist sonntags von 10 bis 17 Uhr und nach Vereinbarung geöffnet. Der Eintritt ist frei. Führungen und Gespräche mit Zeitzeugen und ehemaligen Häftlingen des »Kola-Fu« vermittelt der Museumsdienst, Tel. 040 / 428 24 325.
Adresse:
Gedenkstätte Konzentrationslager und Strafanstalten Fuhlsbüttel 1933-1945, Suhrenkamp 98, Torhaus, 22335 Hamburg (U-/S-Bahnhof Ohlsdorf, von dort ca. 10-minütiger, ausgeschilderter Fußweg).

Bullenhuser Damm

Im KZ Neuengamme befanden sich seit November 1944 auch 20 jüdische Kinder, zehn Jungen und zehn Mädchen im Alter von fünf bis zwölf Jahren, an denen der SS-Arzt Dr. Kurt Heißmeyer Experimente mit Tbc-Erregern durchführte. Ihr Schicksal wird in dem Kapitel »Kinder als Versuchstiere« auf den Seiten 10 und 11 dieses Buches dargestellt.

Eines der Kinder, die am Abend des 20. April 1945 von SS-Männern in dem ehemaligen Schulgebäude am Bullenhuser Damm erhängt wurden, war die am 26. Mai 1932 in Czernowitz (Rumänien) geborene Jacqueline Morgenstern.

Jacqueline Morgenstern

Als sie noch ein kleines Kind war, verließ die Familie aus Sorge vor dem zunehmenden Antisemitismus Rumänien. Ihr Vater Charles Morgenstern betrieb dann gemeinsam mit seinem Bruder in der Pariser Innenstadt ein Frisörgeschäft, ihre Mutter Zusanne arbeitete als Sekretärin. Nachdem die deutsche Wehrmacht Paris besetzt hatte, mussten die Brüder Charles und Leopold Morgenstern ihr Geschäft an einen nichtjüdischen Franzosen abgeben. Ihr Onkel Leopold wurde verhaftet, die Eltern flohen mit falschen Ausweisen nach Marseille, in den nicht besetzten

Teil Frankreichs. 1944 wurden die Morgensterns in Marseille an die Gestapo verraten und an Jacquelines 12. Geburtstag in das Sammellager für Juden in Drancy gebracht. Am 20. Juni 1944 wurden sie von dort nach Auschwitz deportiert. Nach der Ankunft wurden sie getrennt. Jacqueline und ihre Mutter kamen ins Frauenlager. Die Mutter, die einen Großteil ihres Lageressens an ihre Tochter gab, wurde schwächer und erkrankte. Sie wurde in der Gaskammer ermordet. Ihr Vater kam mit dem letzten Transport vor der Befreiung von Auschwitz in das KZ Dachau. Er überlebte die Rettung durch die amerikanischen Truppen nur wenige Tage und starb am 23. Mai 1945.

Jacqueline wurde zusammen mit anderen Kindern in der Baracke 11 abgesondert. Diese Baracke war geheizt und die Kinder wurden relativ anständig verpflegt. Von dort aus kamen die Kinder nach Neuengamme, wo Dr. Heißmeyer an ihnen seine Menschenversuche vornehmen ließ.

Als Jacqueline Morgenstern am Bullenhuser Damm ermordet wurde, war sie zwölf Jahre alt.

Das Schicksal Jacquelines und der anderen Kinder ist ausführlich dokumentiert in der Gedenkstätte Bullenhuser Damm. Die Einrichtung dieser Gedenkstätte im Jahr 1980 geht zurück auf die Initiative der »Vereinigung Kinder vom Bullenhuser Damm e.V.«, zu der sich kurz zuvor engagierte Hamburger Bürgerinnen und Bürger und die Angehörigen der Opfer zusammengeschlossen hatten.

Der Kellerraum, in dem die Kinder ermordet wurden, ist im ursprünglichen Zustand erhalten. In einem Nebenraum wird eine Ausstellung gezeigt, die auch über die von privater Seite seit den 70er Jahren unternommenen Bemühungen um die Aufklärung des Verbrechens sowie die Verschleppung des Strafverfahrens gegen den SS-Offizier Arnold Strippel informiert, der das Mordkommando leitete. Im Treppenhaus ist ein großes Wandbild von Prof. Jürgen Waller angebracht. Es trägt den Titel »21. April 1945, 5 Uhr morgens« und zeigt die Mordstätte am Morgen nach der Tat.

Nach umfangreichen Umbaumaßnahmen wurde die Gedenkstätte am 27. Januar 2000 in erweiterter Form neu eröffnet. Eine Reihe neuer Informationsangebote steht nunmehr den Besuchern zur Verfügung. Eine mehrsprachige Computerpräsentation führt in die einzelnen Räume und ihre historische Bedeutung ein. Im Seminarraum steht u.a. ein 13-minütiger Einführungsfilm zur Verfügung. Zu den neuen Angeboten der Gedenkstätte zählen auch Lesemappen, die Möglichkeiten zu einer intensiven Auseinandersetzung mit einzelnen Themen bieten. Wie in einem Archiv besteht hier die Möglichkeit zum selbstständigen Quellenstudium. Die Lesemappen behandeln fünf Themenbereiche: Medizinische Verbrechen, Kinder als Opfer des KZ Neuengamme, Hintergrundinformationen, Der Kindermord vor Gericht, Gedenken und Aufarbeitung. Im neuen Foyerbereich erwartet den Besucher zudem ein reichhaltiges Angebot an Literatur zur Geschichte des Kindesmordes, zum KZ Neuengamme und zu den anderen Hamburger Gedenkstätten für die Opfer des Nationalsozialismus.

Die Vereinigung »Kinder vom Bullenhuser Damm e. V.« hat hinter dem Schulgebäude einen Rosengarten angelegt. Hier kann jeder eine Rose pflanzen, um der Opfer, nach denen seit 1992 im Neubaugebiet Schnelsen-

Burgwedel im Nordwesten Hamburgs Straßen benannt werden, zu gedenken.

Zur Vorbereitung eines Besuchs:

• Detlef Garbe und Günther Schwarberg: Die Kinder vom Bullenhuser Damm. Hamburg 1995 (Hamburg Porträt, Heft 27) (auch englisch) [4,-- DM]

Die Gedenkstätte ist sonntags von 10 bis 17 Uhr, donnerstags von 14 bis 20 Uhr und nach Vereinbarung geöffnet (der Rosengarten ist immer geöffnet). Der Eintritt ist frei. Führungen vermittelt der Museumsdienst, Tel. 040 / 428 24 325.
Adresse:
Gedenkstätte Bullenhuser Damm und Rosengarten für die Kinder vom Bullenhuser Damm, Bullenhuser Damm 92, 20539 Hamburg, Tel.: 040/ 78 32 95 (S-Bahnhof Rothenburgsort, von dort ca. 5-minütiger, ausgeschilderter Fußweg).

Die Israelitische Töchterschule

Eine weitere Gedenkstätte, keine Außenstelle der KZ-Gedenkstätte Neuengamme, sondern eine Einrichtung der Hamburger Volkshochschule, befindet sich im Karolinenviertel. Das 1883 für die Mädchenschule der Deutsch-Israelitischen Gemeinde erbaute Gebäude Karolinenstraße 35 war von 1933 bis zur Zwangsräumung im Mai 1942 eine der beiden in Hamburg verbliebenen jüdischen Schulen. Die Karolinenstraße 35 stellte einen Raum beispielhafter Selbstbehauptung dar, in dem trotz tödlicher Bedrohung der Schulalltag aufrechterhalten wurde.

Seit 1989 erinnert in den teilweise noch im ursprünglichen Zustand erhaltenen Schulräumen die »Gedenk- und Bildungsstätte Israelitische Töchterschule« an die Kinder, Lehrerinnen und Lehrer, die dem Holocaust zum Opfer fielen. Dabei werden nicht nur Leiden und Tod thematisiert. Die Dauerausstellung »Ehemals in Hamburg zu Hause – Jüdisches Schulleben am Grindel« vermittelt ein lebendiges Bild pädagogischen Wirkens in einer deutsch-jüdischen Lebenswelt.

In der Gedenk- und Bildungsstätte bietet die Hamburger Volkshochschule mit zahlreichen Seminaren und Einzelveranstaltungen den Rahmen zur intensiven Auseinandersetzung mit der nationalsozialistischen Vergangenheit.

Zur Vorbereitung eines Besuchs:

Die Gedenk- und Bildungsstätte ist dienstags und donnerstags von 14 bis 20 Uhr und nach Vereinbarung geöffnet. Termine (auch für Führungen, ggf. mit unterschiedlicher Schwerpunktsetzung) können telefonisch innerhalb der angegebenen Öffnungszeiten vereinbart werden. Ergänzendes Anschauungsmaterial, u. a. Filme und Dia-Serien, stehen zur Verfügung. Nach Möglichkeit können auch Gesprächsrunden mit Zeitzeugen vereinbart werden.
Adresse:
Gedenk- und Bildungsstätte Israelitische Töchterschule, Karolinenstraße 35, 20357 Hamburg, Tel. 040 / 3497 - 2175 (U-Bahnhof Messehallen und Feldstraße, S-Bahnhof Sternschanze)

Dr. Detlef Garbe
Leiter der KZ-Gedenkstätte Neuengamme

Die Alternativen Stadtrundfahrten

Ziel der Alternativen Stadtrundfahrten ist es, die Auswirkungen des Nationalsozialismus vor der eigenen Haustür aufzuzeigen. Orte, Gebäude und Straßen, die eine unmittelbare Verbindung zu der Zeit des Hitler-Regimes haben, werden angefahren. Dazu gehören neben dem Rathaus und dem Stadthaus (ehemals Sitz der Gestapo) die „arisierten" Kaufhäuser in der Innenstadt wie auch die Gedenkstätten (z.B. KZ Gedenkstätte Neuengamme, Gedenkstätte Bullenhuser Damm, Kola-Fu, Thälmann-Gedenkstätte).

Auch die Geschichte einzelner Stadtteile wird thematisiert, z.B. die des Grindelviertels, vor der Machtübernahme der Nazis Mittelpunkt des jüdischen Lebens in Hamburg. Hier stand die Synagoge, die im Zuge der Reichsprogromnacht zerstört wurde, und auch die Talmud-Tora-Schule, die heute von der Fachhochschule Hamburg, Fachbereich Bibliothek und Information, genutzt wird.

Neben den örtlich-architektonischen Bezügen zur jüngsten Vergangenheit sind die biographischen Anknüpfungspunkte wichtig. Möglichst viele der angefahrenen Stationen werden mit Einzelschicksalen verknüpft. Leider ist es so, dass nicht mehr ausreichend Zeitzeuginnen und Zeitzeugen zur Verfügung stehen, so dass auf Bild- und Tondokumente zurückgegriffen werden muss. Diese sind allerdings ein sehr wichtiger Ersatz, denn dadurch kommt „Leben" in die Darstellung; der Wechsel von Abstraktion, Faktenvermittlung und biographischen Elementen steigert das Interesse.

Die Stadtrundfahrten richten sich an alle Schülerinnen und Schüler ab der 9. Klasse und an alle anderen Jugendlichen dieser Altersstufe. Es geht nicht darum, die „moralische Keule" zu schwingen; es wird auch kein Crashkurs in Antifaschismus absolviert. Vielmehr kommt es darauf an aufzuzeigen, dass der Nationalsozialismus weder „vom Himmel gefallen" ist noch eine in Hamburg unbekannte Erscheinung war. Nationalsozialismus und Judenverfolgung fanden nicht nur in Auschwitz statt.

Folgende Fahrten für Gruppen werden angeboten:

- Hamburg im Nationalsozialismus – Verfolgung und Widerstand
- Fahrt zur KZ-Gedenkstätte Neuengamme und zur Gedenkstätte für die Kinder vom Bullenhuser Damm
- Swing-Jugendliche im Nationalsozialismus
- Medizin und Euthanasie
- Jüdisches Leben in Hamburg
- Kirchen im Nationalsozialismus
- Jugendopposition und Jugendwiderstand
- Schwule im Nationalsozialismus
- Frauenaußenlager des KZ Neuengamme
- Arbeiterbewegung

Die Fahrten „Hamburg im Nationalsozialismus" sowie „Jüdisches Leben in Hamburg" werden auch als Rundgang angeboten.

Weitere Informationen sind unter der Telefonnummer 317 96 114 zu erhalten.

Beate Arlt
Referentin für Jugendbildung

Das Hamburger Schulmuseum

Das Thema „Schule im Nationalsozialismus" bzw. auch die Thematik „Jüdische Schulen in Hamburg unterm Hakenkreuz" sind Schwerpunkte im Angebot des Hamburger Schulmuseums. So hat das Schulmuseum Ausstellungstafeln u.a. zu den Unterthemen:
- Schule im Krieg
- Kinderlandverschickung
- Swing-Jugend
- Jüdische Schulen

Darüber hinaus besitzt das Schulmuseum Ausgaben aller Schulbücher (aller Fächer- und Schularten), die in Hamburg während der NS-Zeit benutzt wurden. Eine Unterrichtseinheit mit Kopien aus diesen Schulbüchern steht für Klassen zur Verfügung. Auch Schulwandtafeln (u.a. zur NS-„Rassenlehre") sind im Fundus vorhanden. Im Archiv finden sich Archivalien zu einzelnen jüdischen Schulen, zu jüdischen Schülerinnen und Schülern und zu jüdischen Lehrerinnen und Lehrern sowie eine umfangreiche Sammlung von Schulfestschriften. Die Bibliothek des Schulmuseums steht allen Besuchern offen.

An besonderen Veröffentlichungen zu den Themen „Schule im Nationalsozialismus", „Jüdische Schulen in Hamburg" seien erwähnt:
- Lehberger, Reiner/Christiane Pritzlaff/Ursula Randt: Entrechtet – Vertrieben – Ermordet – Vergessen. Jüdische Schulen und Lehrer in Hamburg unterm Hakenkreuz. Hamburg 1988.
- Lehberger, Reiner/Wolfram Müller-Grabellus/Gabriele Schmidt: Krieg in der Schule – Schule im Krieg. Hamburg 1988.
- Lehberger, Reiner (Hg.): Weimarer Versuchs- und Reformschulen am Übergang zur NS-Zeit. Hamburg 1994.
- Lehberger, Reiner: Schule zwischen Zerstörung und Neubeginn. 1945 – 1949. Hamburg 1995.
- Lehberger, Reiner/Ursula Randt: „Aus Kindern werden Briefe". Dokumente zum Schicksal jüdischer Kinder und Jugendlicher in der NS-Zeit. Hamburg 1999.

Alle Schriften können im Museum eingesehen werden.

Das Schulmuseum versteht sich als „Lernwerkstatt Schulgeschichte". Hier können Schulklassen, Studenten-, Referendarsgruppen und andere Besucher ausgehend von ihren eigenen Schulerfahrungen geschichtlichen Wandel (vom Kaiserreich bis heute) konkret nachvollziehen und kritisch befragen. Das Angebot wird in Vorbesprechungen mit den Lehrern bzw. Betreuern auf die individuellen Interessen und Ziele der Besucher abgestimmt.

Die Ausstellungsbereiche und Sammlungen ermöglichen
- entdeckendes Lernen an originalen Gegenständen und Fotografien sowie Quellenstudium in alten Lehrbüchern, pädagogischen Schriften und Dokumenten.
- projektorientiertes Lernen zu verschiedenen Themen, z.B. Militarismus, Rassismus, Erziehungsmethoden u.v.a.m.

Das Hamburger Schulmuseum befindet sich im Schulgebäude Seilerstraße 42 in St. Pauli.

Prof. Dr. Reiner Lehberger
Leiter des Hamburger Schulmuseums

„Vielleicht steht die Synagoge noch!"

Ein virtuelles Museum zur Geschichte der Harburger Juden

Die Hamburger Forschungs- und Arbeitsstelle (FAS) „Erziehung nach/über Auschwitz" in Trägerschaft des Hamburger Vereins SterniPark e.V. hat mit Unterstützung der Schulbehörde eine CD-ROM erstellt, die auf fast 200 Megabyte erstmals Quellen aller Art zur Geschichte der jüdischen Gemeinschaft Harburgs für den Unterricht verfügbar macht.

Neben einem darstellenden Text und Aktenfunden aus zwanzig Jahren Forschung liefern insbesondere die auf der CD dokumentierten Interviews und Berichte Überlebender Innenansichten jüdischen Lebens bis in die Zeit der nationalsozialistischen Verfolgung. Während eine Reihe von Dokumenten den Blick der Schreibtischtäter auf die jüdische Minderheit wiedergeben, kommen Überlebende und Ermordete in Briefen und Berichten zu Wort. Ergänzt werden diese Texte u.a. durch Fotos, die einige der Überlebenden zur Verfügung gestellt haben, sowie durch eine Vielzahl historischer und jüngerer Zeitungsberichte. Der historische Schwerpunkt liegt in den Jahren 1933 bis 1945, wobei insbesondere die Zeit unmittelbar vor und während der Verfolgung durch die Zeitzeugenberichte lebendig wird.

Auf eine „Didaktisierung" der bereitgestellten Informationen hat die FAS weitgehend verzichtet. „Wir wollten", so der Leiter der FAS, Matthias Heyl, „eine Art Fundgrube für den Unterricht bereitstellen. Dabei können die Schülerinnen und Schüler sich einerseits an dem darstellenden Text entlang orientieren oder aber selber in den Archiven recherchieren." Um das „forschende Lernen" zu unterstützen, wurden mehrere „Archive" auf der CD-ROM eingerichtet – neben einer Vielzahl von Dokumenten finden sich dort je ein leicht zugängliches Foto-, Brief- und Zeitungsarchiv, die zum Stöbern einladen.

Die CD-ROM wurde von der Schulbehörde bereits in je zwei Exemplaren mit einer 10-seitigen „Gebrauchsanweisung" an die Hamburger Schulen gegeben.

Wer Fragen zur Arbeit mit der CD-ROM hat oder überhaupt Anregungen für den Unterricht – mit einem Schwerpunkt zum Thema Holocaust im Internet und „neuen Medien" – sucht, kann sich an die FAS wenden: FAS, Postfach 52 20 08, 22598 Hamburg, Tel.: 43251280, Fax: 43251282, eMail: info@fasena.de, www: www.fasena.de.

Dr. Matthias Heyl
Forschungs- und Arbeitsstelle (FAS)
„Erziehung nach/über Auschwitz"

INHALT

Vorwort der Autoren 6
Vorwort zur deutschen Ausgabe 8
Kinder als Versuchstiere 10
Einleitung 12
Jüdisches Leben vor dem Krieg 24
Verfolgung 36
Die Einrichtung von Ghettos 44
Deportation 63
Der Völkermord beginnt 84
Widerstand und Hilfe 116
Die Zuschauer 128
Lehren aus dem Holocaust? 142
Dokumentation 147
Geleitwort der Senatorin 153
NS-Judenverfolgung in Hamburg 154
Gedenkstätten und ihre Informationsangebote 160
Die Alternativen Stadtrundfahrten 173
Das Hamburger Schulmuseum 174
»Vielleicht steht die Synagoge noch!« 175